# 华为
# 战略管理法
## DSTE实战体系

谢宁 著

中国人民大学出版社
·北京·

## 前言

　　众所周知，华为公司不仅仅是世界 500 强，更是一家持续成功的伟大企业（虽然华为创始人任正非从来不认为华为已经成功了，只是暂时没有失败）。笔者更是认为华为是战略管理成功企业的典范，非常值得国内企业深入学习和借鉴。理由有三：

　　1. 自 1987 年创立以来，华为一直保持非常良好的业绩增长势头，2020 年营业收入为 8 914 亿元。华为可谓中国企业持续成长的典范。

　　2. 华为的成功是全方位的，是从农村市场的成功到城市市场的成功，从国内市场的成功到海外市场的成功，从新兴市场的成功到发达市场的成功，同时在运营商业务（B2B）、企业业务（B2b）和消费者业务（B2C）这三种差异非常大的业务中取得了巨大的成功。这说明在经过不同竞争环境和业务场景炼狱并萃取后，所形成的华为管理体系，尤其是战略管理体系具有卓越性和普适性。

　　3. 同样受到一些国家政府的制裁，有些公司立即进入休克状态，而华为在受到加码制裁政策压迫之后，还能持续实现收入和利润正增长。战略管理水平高下立判。

　　华为是以长期的战略耐心、坚决的战略执行著称的高科技公司。华为成功的背后是华为战略管理的成功，华为在战略管理中有很多瑰宝值得深挖。这是笔者撰写本书的第一个原因。

撰写本书的第二个原因，是希望为读者构建一张完整的华为战略管理体系及其方法论地图。笔者经常在书店里看到和华为战略管理内容相关的书籍，也在网络平台上看到不少相关的文章。读过之后，发现主要内容是关于 **BLM**（Business Leadership Model，业务领先模型），而且侧重于工具层面的应用，尤其缺少对战略解码的系统性介绍。此外，不同的文章对市场洞察、战略规划、战略解码、战略执行和战略复盘等重要术语的含义及其边界存在说法不一，甚至逻辑不通及相互矛盾等问题。

对于不熟悉华为战略管理的读者而言，这些众说纷纭的概念和内容很容易导致理解和实践上的混乱。笔者在有关战略管理的企业内部培训和管理咨询项目中，多次被企业管理者问到：

- BLM（业务领先模型）是华为战略管理的全部吗？
- 战略规划的方法是 BLM 吗？战略解码的方法是 BLM 还是 **BEM**（Business Execution Model，业务执行力模型）？
- BEM 是战略解码的全部吗？
- 战略规划、战略解码怎样在公司、产品线、销售区域及职能部门层面开展？不同组织之间如何做好战略协同？
- 华为的 **DSTE**（Develop Strategy to Execute，开发战略到执行）管理体系有哪些主要内容？

  ············

　　透过这些问题，可以看到很多企业管理者热切期望了解华为这种端到端的战略管理体系及其相关方法论的内容。构建相应的"地图"，可以帮助管理者走出"只见树木，不见森林"的迷局，踏上正确的战略征途。

　　本书共有八章，笔者旨在深入解剖和分析华为战略历程、战略管理特点及基本原则，最大限度呈现华为战略管理各主要阶段的内容、工具、方法及管理细节。华为的 DSTE 流程框架有四大阶段：战略制定、战略解码、战略执行与监控及战略评估。本书的基本框架内容如下图所示。

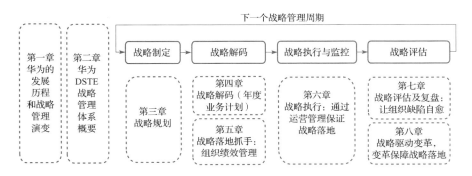

　　笔者结合自己在华为多年的工作实践和为国内各种类型企业提供培训与咨询服务的经验，从实践的角度对华为 DSTE 战略管理体系进行了系统介绍。然而，不同的企业拥有不同的发展历史、不同的文化背景、不同的资源、不同的行业背景以及各自的管理变革节奏，这些因素决定了在实际应用战略管理工具、方法及体系的过程中不能生搬硬套。笔者诚挚希望本书对你的工作、你的公司管理工作尤其是战略管理工作有一定的启发和借鉴作用。

在本书的撰写过程中，参考了战略管理领域的素材和文章，同时引用了大量材料，尤其是许多前华为领导和员工所分享的关于华为战略管理方面的内容，在此衷心感谢各位作者。在写作本书的三年中，笔者在繁忙的工作之余，投入了大量的时间和精力，感谢家人和朋友们给予理解、鼓励和支持！

由于水平所限，本书定有遗漏或不完善之处，"路漫漫其修远兮，吾将上下而求索"，恳请各位读者予以指正。

展望未来，笔者冀望以本书的战略管理框架为基础，持续优化和完善其中相关内容，适时出版市场洞察、战略规划、战略解码等分册书籍，以飨读者。

谢　宁

# 目　录

### 第六章
### 战略执行：通过运营管理保证战略落地 ——— 265

### 第七章
### 战略评估及复盘：让组织缺陷自愈 ——— 281

### 第八章
### 战略驱动变革，变革保障战略落地 ——— 293

第一章

# 华为的发展历程和战略管理演变

从目前所取得的成就往回看，华为经历了企业从小到大，从单一业务到多业务，从积极跟随者到行业领先者等一系列过程。在不同的发展时期，华为处于不同的行业背景，面临不同的关键挑战，所作出的战略选择是不同的，所采取的战略实施路径和管理变革方案是不同的，所取得的战略成果也是不同的。同样，战略管理作为一项重要职能，在适配和牵引业务发展中得以持续完善。

## ⊕ 华为不同时期的战略选择

华为于 1987 年在深圳创立，是全球领先的 **ICT**（Information Communications Technology，信息通信技术）基础设施和智能终端提供商，致力于把数字世界带入每个人、每个家庭、每个组织，构建万物互联的智能世界。

目前华为有约 19.4 万员工，业务遍及 170 多个国家和地区，服务30 多亿人口。华为 2020 年营业收入为 8 914 亿元。

自创立以来，华为一直保持了非常良好的业绩增长势头，如图 1 - 1所示。华为可谓中国企业持续成长的典范。

图 1-1 华为历年销售收入（亿元）

纵观 30 多年的发展历程，在创始人任正非及创业团队奋力牵引下，全体员工共同奋斗，华为实现了从"一无所有"到"三分天下"、从"积极跟随者"到"行业领先者"的跨越式发展。

华为在业务战略上经历了数次变革，分别是从农村到城市，从国内市场走向全球化，从 B2B 市场向 B2b、B2C 市场及云管端一体化转型变革。另外，自 2019 年起，华为遭受美国不断加码的政策制裁。

华为的发展历程可以划分为五个阶段：

- 创业初期（1987—1992 年）。以农村为突破口，创业求生存，初期所形成的管理团队保持稳定，业务体量不断扩大，从农村走向城市。

- 国内发展期（1992—2000 年）。高速扩张，**IPD**（Integrated Product Development，集成产品开发）加速变革，迅速成为国内最具竞争力的通信设备制造商。

- 全球发展期（2000—2010 年）。从国内市场走向全球化。在国际化程度日益加强的同时，华为开始了商业模式的变革，从通信设备提供商转型为电信解决方案提供商，致力于提供全 IP 融合解决方案。

- 2B 向 2b、2C 业务转型期（2010—2019 年）。从原来的 B2B 市场（运营商业务）向 B2b（企业业务）和 B2C（消费者业务）转型。未来海量数据对 IDC 网络交换提出更高要求，华为着力打造云端一体化帮助客户快速适应云数据中心网络。

● 制裁突围期（2019 年至今）。以华为首席财务官孟晚舟事件和华为及其附属公司被列入美国"实体名单"事件为标志，华为在海外市场面临愈加恶劣的生存环境。同时，需要正面面对"被断供"的困境，为了保障业务连续性，华为开展了一系列艰苦卓绝的"补洞"、"反击"和"突围"工作。

在不同时期，华为的战略选择也适时而变。

## 阶段一：创业初期的战略选择（1987—1992 年）

1987 年，任正非创立华为。20 世纪 80 年代，国内的改革开放和经济发展孕育出通信领域的庞大市场和需求，市场空间大，产品利润高，华为通过先后代理多家公司的交换机进入通信行业。

早期的华为确立"以客户为中心"的经营理念，宁愿自己多吃苦也要维护客户利益，非常重视服务，重视客户的感受，同时对供应商及时付款。华为的销售业绩慢慢有了起色，并积累了原始资本。

后来，华为被交换机供应商"断货"，让任正非清晰地认识到代理模式不可持续。而要构建和发展华为的核心竞争力，华为必须将资金投入研发，向产业链的上游环节转移。

1989 年，华为开始在代理的同时自主研发产品，从代理商向制造商转型，着力建立华为品牌。这既是一个非常大胆的冒险决定，又是华为理想主义的闪耀和任正非企业家人格魅力的一次重要体现。这个决定令华为走上自主研发的发展之路，也让华为吸引了一批有技术、有才能、有想法的年轻人，储备了一批研发骨干和有生力量。

20 世纪 90 年代，国内通信设备与国外相比差距很大，国内市场上大部分是进口货，报价高。当时国际电信巨头大部分已经进入中国，盘踞在各个省市多年，拥有雄厚的财力和先进的技术。

华为这一时期的战略选择，是首先进入国际电信巨头看不上的农村和小县城的市场，从农村电信市场到城市电信市场，进行差异化的业务设计，实现国内替代。

1992 年，华为凭借自主研发的产品和良好的性价比获得了大量的采购订单，营业额首次突破 1 亿元。这时，任正非作出了一个重要决策：把赚来的第一桶金投入到电信局用的电话交换机研发中。华为原来的客户是酒店、事业单位等，产品是用户级设备，而要转型到电信局用设备的产品开发和市场开发，是非常有挑战性的战略决策。用任正非的话说，"华为是由于无知，才走上通信产业。当初只知道市场大，不知道市场如此规范，不知竞争对手如此强大"。

确实，华为面临着"强敌如林"的竞争局面，竞争对手既有世界级的企业（当时市场上有一个说法叫作"七国八制"，包括美国的 AT&T、日本的 NEC、日本的富士通、瑞典的爱立信、法国的阿尔卡特、德国的西门子、加拿大的北电、芬兰的诺基亚），又有具有国资背景的巨龙、大唐、中兴等企业。华为在企业背景、产品技术和市场上明显处于劣势，该如何突围，打开市场局面？

## 阶段二：国内发展期的战略选择（1992—2000 年）

1993 年，华为与 17 家省市级电信局联合发起成立了合资公司——

莫贝克公司。公司总资本 8 900 万元，其中华为出资 5 000 万元，其他电信局共出资 3 900 万元。通过这种方式，华为与电信局客户之间形成了资金和市场的紧密联盟。华为从中获得了投资资金，依靠国内市场上的关系网络拓展业务。对邮电系统而言，用自己的资金在自己的地盘做市场，让自己获利。成立这一子公司的代价极大，华为答应每年给投资者 33% 的回报。

几年内，华为与铁路、邮电部门的下属企业或者工会成立了大约 27 家公司，通过建立利益共同体，达到巩固市场、拓展市场和占领市场的目的。同时，这些合资公司成立初期提供的资金高达数亿元，给华为这一时期的高研发投入提供了有力的资金支持。

在此期间，为解决快速扩张带来的内部混乱，华为先后实施员工持股、ISO 9000、市场部大辞职、绩效改革、基本法起草等变革项目。

幸运的是，华为在创业之初进入的通信市场产业空间大、利润回报高，更为重要的是任正非非常重视知识分子的专业和贡献，将对知识的重视体现在物质财富上——1998 年审议通过的《华为基本法》第九条强调，人力资本不断增值的目标优先于财务资本增值的目标。因此，华为可以为员工提供远高于业界平均水平的薪酬。再加上任正非产业报国的理想和独特的企业家人格魅力，华为持续吸引和聚集了一大批专业人才。

创业之初的华为缺人才、缺技术，更缺资金，不得已采用了"打白条"的方式——员工每月通常领不到全额工资，而是"一半现金和一半白条"，"白条"折算成资本金参与公司的利润分成。

到了 1990 年，"打白条"演变为"内部融资，员工持股"制度，鼓励员工"按照级别每年购买一定数量的公司股份，按照股份数量享有公司的利润分红"。这样既缓解了融资压力，同时也起到对关键人才的"锁定"和激励作用。

1995 年前后，华为面临全国各地办事处"诸侯割据"的局面。华为逐渐进入城市市场，客户的采购决策权由原来的县级主管部门转变为地市、省级主管部门，由原来的"个人拍板"转向了"招标采购""集体决策"。一些原先擅长"单打独斗"的办事处干部不能适应这一形势变化。

1995 年，华为在西北一个城市的项目竞争中败下阵来。在客观上，华为急需对固化的干部，尤其是不胜任的干部进行一次大调整。

1996 年春节前，华为所有市场部干部向公司总部提交了一份辞职报告，同时也提交了一份述职报告。公司视组织改革后的人力需要，具体决定接受每位递交报告者的哪一份报告。在这次竞聘考核中，大约 30% 的干部被替换下来。华为由此开启了大规模人力资源体系建设。

"市场部大辞职"事件开创华为干部能上能下的先河，对华为后来的发展和企业文化的影响非常深远，成为促使华为保持顽强竞争力的重要事件。

伴随着 C&C08 万门局用数字交换机在技术和市场上的重大突破，华为在内部管理中存在的严重问题凸显：思想一片混乱，有战术而无战略，机会主义盛行，等等。想要华为员工统一思想，系统解决这些盘根错节的问题，需要全员共同参与制定一个纲领性的文件，梳理公司组织建设、管理制度化建设和文化建设的思路。这在客观上呼唤《华为基本法》的起草和出台。

《华为基本法》自 1995 年萌芽，八易其稿，于 1998 年 3 月 23 日审议通过。《华为基本法》帮助企业家完成了管理体系的系统思考，帮助华为建构制度性顶层设计，成功从机会导向转向战略导向。《华为基本法》帮助华为解决了企业成长的动力机制问题，构建了企业的价值管理体系，凝聚企业事业共同体、利益共同体和命运共同体。

《华为基本法》确定了华为成为世界级领先企业的目标，华为最终也实现了这个目标。《华为基本法》成为后续华为一系列管理变革的指导大纲。

在这一时期，华为先通过用户机积累经验，进入农村交换局，进而沿着县城网络、地市网络、省会城市网络、国家骨干网络市场路线，步步为营，发展成为国内主要通信设备供应商。

尤其是 1994 年推出 C&C08 数字程控交换机大获成功，奠定了华为发展的基石。华为业绩大幅提升：1995 年销售收入为 15 亿元，1996 年为 26 亿元，到 1997 年增至 41 亿元。

在这一时期，华为"走出混沌"。

## 阶段三：全球发展期的战略选择（2000—2010 年）

2000 年前后，跨国通信设备巨头转入中国市场攫取更多利润。由于中国关税相对较低，竞争态势呈白热化。在市场竞争中，华为面临国内市场饱和、跨国公司以更残酷的价格战来争夺国内市场诸多压力。在内部管理中，产品研发成功率低，周期长，效率低。当时，华为研发费用浪费比例和产品开发周期仍然是业界最佳水平的两倍以上。华为销售额虽然连年增长，但产品的毛利率逐年下降，人均效益只有思科、IBM等企业的 $1/6 \sim 1/3$。

从 1994 年开始，华为一直在寻找和尝试对产品开发、生产、交付等业务流程和组织结构进行调整优化的方法论和方案。但是，当时的华为管理层包括任正非本人并没有国际标杆公司的职业经历和管理大企业的经验，以朴素主义和自己对管理的理解来管理公司，一直不得要领。因此，任正非将目光投向了日本、美国、德国等发达国家的相关企业。

1997 年末，任正非带队到美国参观了休斯公司、IBM、贝尔实验室和惠普公司。在 IBM 的参观深深触动了任正非，回到国内不久他就提出："企业缩小规模就会失去竞争力，扩大规模，不能有效管理，又面临死亡，管理是内部因素，是可以努力的。规模小，面对的都是外部因素，是客观规律，是难以以人的意志为转移的，它必然抗不住风暴。因此，我们只有加强管理与服务，在这条不归路上，才有生存的基础。这就是华为要走规模化［之路］、搞活内部动力机制、加强管理与服务的战略出发点。"

华为的追求是成为世界级的通信设备供应商，必须从"小米加步枪"切换到"经过实践验证的西方企业卓越管理"。为此，1998 年华为开始实施与 IBM 携手合作的 **ITS&P**（Information Technology Strategy & Plan，IT 策略和计划），内容包括华为未来 3 ～ 5 年向世界级企业转型所需的 IPD、**ISC**（Integrated Supply Chain，集成供应链）、IT 系统重整、财务四统一等八个管理变革项目。

IPD 和 ISC 是 ITS&P 确定的两个业务重整项目。其中，IPD 旨在帮助华为进行产品开发模式变革，使其达到世界级水平；ISC 旨在帮助华为提升供应链管理能力。

华为从 1999 年开始正式启动 IPD 导入，IPD 变革的持续实践、优化使华为建立了一套适合自己的、制度化的研发管理体系，确保持续稳定交付高质量的产品。这不仅获得了国际市场的准入认可，更重要的是在产品领域不再依赖于"英雄"而是基于流程，可以开发出满足客户要求、有质量保障的产品，从偶然成功转变为构建可复制、持续稳定高质量的管理体系。

通过 ISC 变革，华为以 **SCOR**（Supply-Chain Operations Reference，供应链运作参考）模型为基准，坚持软件包驱动业务变革的策略，用一个统一的"ERP+APS"取代了几十个零散的 IT 系统，瞄准客户建立了包括六个供应中心、七个 Hub 以及国家中心仓库的集成的全球供应网络，使公司在供应的质量、成本、柔性和客户响应速度上都取得了根本性的改善，有效支撑了业务的全球大发展。

虽然华为 2000 年销售额高达 220 亿元，利润以 29 亿元位居全国电子百强首位，但是，2001 年任正非却大谈危机和失败，发表了著名的居安思危的讲话——《华为的冬天》。

2000—2003 年席卷全球 IT 市场的寒冬不期而至。为了储备"过冬"的棉衣，2001 年 10 月 31 日，华为公司与美国艾默生公司友好协商，将下属深圳市安圣电气有限公司全部股权作价 7.5 亿美元转让给艾默生。这一年，华为总监级以上干部申请自愿降薪 10%。

2001 年和 2002 年，是华为历史上增长率最低的两年。2000 年华为实现销售额 220 亿元，比上年增长 83%；2001 年销售收入为 255 亿元，比上年增长不到 16%；2002 年成为华为历史上唯一一个负增长的年份，仅实现销售额 221 亿元。

2000 年，中国电信和中国网通没有移动业务牌照，为了争夺无线通信业务市场，决定从日本引入非主流技术 PHS（俗称"小灵通"）和中国移动、中国联通竞争。两家运营商先后投资了近千亿元人民币用以建设小灵通的覆盖网络。小灵通网络和手机市场从 2000 年启动，大约在 2007 年停止建设。

在 2000 年前后，华为的无线业务重点在 2G、3G。华为认为小灵通业务采用过时的技术，只是一个短暂的赚钱机会。华为不做机会主义者，任正非力排众议，否决小灵通项目。

华为执意没有开发小灵通通信市场，结果该市场被中兴通讯及 UT 斯达康瓜分，中兴通讯和 UT 斯达康抓住市场机会赚取了高额利润。由于国内迟迟没有发放 3G 牌照，华为当时没有打开 3G 网络市场，公司出现了很大的生存危机，很多高层和人才流失，公司甚至做好了将硬件业务卖给摩托罗拉的准备。后来，摩托罗拉新上任的董事长否决了该收购案，否则，华为将不复存在。

2000—2003 年，中兴通讯和 UT 斯达康依靠小灵通业务高速发展，在规模上逼近华为。华为在 2002 年出现了历史上唯一一次负增长，并且因为在全球没有商用的 3G 业务导致当年亏损。

2003 年 1 月 24 日，思科就华为非法侵犯其知识产权提起法律诉讼，指控包括非法抄袭、盗用包括源代码在内的操作软件等。双方最终于 2004 年 7 月 28 日达成和解。思科起诉华为侵犯知识产权间接狙击了华为在北美市场的拓展，而华为通过这场声势浩大的诉讼达到了非常好的宣传效果：华为产品和技术不仅具有高性价比的优势，而且被证实具有独立性和合法性。这为华为后来的海外市场拓展起到重要的铺垫作用。

该事件也让华为认识到知识产权作为"核保护伞"的重要作用。后来，华为开始构建和完善知识产权管理体系，例如，在华为的集成产品开发（IPD）体系中，增加了知识产权管理，在知识产权的规划、申请和管理中明确了责任主体、绩效考核和激励政策。华为在知识产权领域几十年如一日坚持投入，不懈努力，坚信"乌龟"也能追上"龙飞船"，最终构建起强大的战略控制点。

这一时期是华为置之死地而后生的重要转折期。在这样的困境中，任正非一度严重抑郁，他在 2011 年发表的文章《一江春水向东流》中回忆说："2002 年，公司差点崩溃了。IT 泡沫破灭，公司内外矛盾交集，我却无能为力控制这个公司，有半年时间都是噩梦，梦醒时常常哭。"后来，任正非在美国制裁华为后接受采访时说：今天的危机（美国制裁）应该只有那时百分之一或者十分之一的压力。

同时，华为能否将这次史无前例的管理变革进行下去，对任正非推动变革的勇气、企业家精神和"三分天下"的雄心壮志，以及几万名华为员工的集体意志和集体信仰，无疑是一次严峻的考验。在此期间，任正非发表了《在理性与平实中存活》《产品发展的路标是客户需求导向，企业管理的目标是流程化的组织建设》等文章，系统阐述了对华为应该坚持的创新原则和管理变革的思考。

经历了这样的痛苦过程之后，任正非深刻意识到仅仅依靠个人决策给企业带来的风险，华为应该将战略管理，尤其是战略规划和决策能力建立在组织上，而非过度依靠个人决策。

在这一时期，全球通信市场饱和，海外 IT 企业开始收缩，而华为由于在国内市场拓展受阻，抓住全球化时机进军海外市场，实现弯道超车。华为首先选择从我国香港起步（1995 年），再战发展中国家——俄罗斯（1998 年）、亚非拉国家（2000 年）、东南亚国家（2000 年）等，最后进入欧洲发达国家市场（2003 年）。

从 2002 年开始，华为请英国电信（BT）对其管理体系进行认证，因为只有通过认证，华为才有可能进入英国电信的采购短名单。2005年，华为终于挤进英国电信"21 世纪网络"供应商短名单。

华为国际化扩张成功再次演绎了"农村包围城市"经典竞争策略的魅力：1999 年，华为的海外收入仅 5 300 万美元，占总销售收入不到4%；2004 年，合同额高达 462 亿元，海外收入占比 41%，进入了全球电信运营商 50 强中的 22 个；到了 2005 年，华为海外营收首次超过国内营收，达到 48 亿美元，占公司总销售额的 58%。

在这一时期，华为进行品类扩张，完成了从单一产品制造商向多产品的通信设备制造商的过渡。华为不仅令营销、交付和服务机构进驻海外，1999—2005 年，还先后在印度、美国硅谷、瑞典等地设立研究机构。除了直接投资和控股的研发机构外，华为还和 3Com、西门子、赛克铁门、英特尔等公司通过合资或收购等方式开展合作。华为以全球视野整合资源，来增强核心技术及产品和解决方案的竞争力，在全球市场上和全球一流企业展开竞争。因此，华为成为一家真正意义上的全球化企业。

2004 年 10 月，华为海思半导体公司成立，聚焦于芯片研发，其前身是创建于 1991 年的华为集成电路设计中心。这为华为在战略管理中构建强大的战略控制点夯实了基础。

为了打造学习型组织，华为 2005 年正式注册了华为大学，为华为员工及客户提供众多培训课程，包括新员工文化培训、上岗培训和针对客户的培训等。华为大学旨在以融贯东西的管理智慧和华为的企业实践经验，培养职业化经理人，发展国际化领导力，成为企业发展的助推器。华为大学的独特定位是 **SBU**（Service Business Unit，服务业务单元），它不是一个成本中心，而是依靠与业务部门的结算和买单，自负盈亏。

华为大学依据公司总体发展战略和人力资源战略，推动和组织公司培训体系的建设，并通过对各类员工和管理人员的培训和开发，支持公司的战略实施、业务发展和人力资本增值；对外配合公司业务发展和客户服务策略为客户和合作伙伴提供全面的技术和管理培训解决方案，提升客户满意度；同时通过华为的管理实践经验的分享，与同业共同提升竞争力。

2005 年以后，随着海外市场的快速发展，华为出现了"签得了合同但交付不了"的问题。为了摆脱天天"夜总会"、日日"救火队"的困境，华为对服务和交付持续改进。服务和交付已经由当初的短板变成今天的长板，成为支撑市场拓展的竞争利器和提升盈利能力的重要手段，是公司实现全球领先的核心竞争力。

2009 年，华为意识到将超越爱立信成为行业老大。进入国际市场后，很多干部的思想观念跟不上。同时，如何让海外客户接受中国的产品，认可中国的品牌，是当时所面临的挑战。华为在公共关系、品牌、行业规则的遵从等方面均有变革的压力。

为此，华为坚持推进国际化，面向全球引入业界最佳实践，提升变革管理水平，支撑全球化运营，涉及全球交付能力、全球供应系统、多工厂布局以及本地化等方面。组织策略是构建面向客户的流程型组织，竞争策略是从竞争关系转变为竞争合作关系。

在这期间，华为面临业务问题严重、运营资产效率低、项目损益不可控等难题。于是，2007 年，华为开展 **IFS**（Integrated Finance Service，集成财经服务）变革，构建全球化的财经管理体系，将财经融入业务，在加速现金流入、准确确认收入、项目损益可见和经营风险可控等方面取得了根本性的进步，支撑公司可持续、可盈利地增长。各级 **CFO**（Chief Financial Officer，首席财务官）通过 IFS 变革，逐步成长为值得信赖的业务伙伴，进入战场，支撑作战。业务部门基于及时、准确的经营数据快速决策，构建起企业经营机制。IFS 变革通过对财经业务各个循环的流程与组织重组，实现财经组织的战略转型：从任正非所说的"账房先生"转型为值得信赖的业务伙伴和价值整合者。

2007 年开始，华为聘用埃森哲启动了 **CRM**（Customer Relationship Management，客户关系管理），加强"从机会到订单，再到现金"的流程管理。

2008 年，华为对 CRM 体系进行重新梳理，打通"从机会到合同，再到现金"的全新流程，提升了公司的运作效率。

2009 年 1 月 16 日，任正非在华为销服体系奋斗颁奖大会上发表《让听得见炮声的人做决策》，结合华为当时的组织变革背景，敲定了"谁来呼唤炮声"，定义了"什么是炮火"，于是，"让听得见炮声的人做决策"在华为拉开了序幕，从中央集权制走向分权制衡、协调发展的模式。

这种模式借鉴了美军的做法。美军建立了一种"呼唤炮火"的体系，即前线三人一组，包括一名信息情报专家、一名火力炸弹专家、一名战斗专家。"呼唤炮火"的体系的好处是，三人小组彼此熟悉，当发现目标后，信息情报专家利用先进的工具确定敌人的集群、目标、方向、装备等，火力炸弹专家配置炸弹、火力，计算出必要的作战方式，按授权许可度，用通信呼唤炮火，不再等待上级决策。任正非说，传统战争是机械化集团军作战，现代化战争是"班长的战争"，华为的组织架构就是要适应现代化作战方式的转型，"班长"将有更高的作战能动性和更广的作战半径，以及更高效的炮火支援。

华为借鉴"三人小组"模式，在一线形成面向客户的"铁三角"作战单元。铁三角的精髓就是为了实现目标而打破功能壁垒，形成以项目为中心的团队运作模式。所谓铁三角，表现为以客户经理、解决方案专家、交付专家组成工作团队，在授权范围内，他们不需要代表处批准就可以执行。通过这种模式，华为将公司主要资源用在了找目标、找机会，并将机会转化为结果上。后方先进设备和优质资源保障前线发现目标和机会时能够及时发挥作用，提供高效支持，改变了拥有资源的人指挥战争、拥兵自重的弊端。

当然，谁呼唤了炮火，谁就要承担呼唤的责任和炮火的成本。从这个角度看，IFS 变革的成功支撑了"让听得见炮声的人做决策"模式的落地，并实现了有效监督。

总之，华为强调"让听得见炮火的人呼叫炮火"，期待在资源有限的情况下，优先、科学、快速地发射炮火，为公司获取最大收益，而不是简单地对一线团队放权。

任正非在 2010 年 **PSST**（Products & Solutions Staff Team，产品和解决方案实体组织）体系干部大会上讲话时提出，华为不再做"黑寡妇"①。华为愿意跟供应商、合作伙伴和竞争对手建立共融共进的机制。

---

① 黑寡妇是拉丁美洲的一种蜘蛛，这种蜘蛛在交配后，雌性会咬死并吃掉配偶，作为自己孵化幼蜘蛛的营养，因此被称为"黑寡妇"。

## 阶段四：2B 向 2b、2C 业务转型期的战略选择（2010—2019 年）

在这一时期，运营商业务市场接近饱和，通信基础设施产业从高速成长期进入成熟偏稳健的阶段。到了 2013 年，华为在通信基础设施产业中的市场份额第一。华为在本阶段所面临的挑战是单一产业的天花板，公司已经占据市场 30% ~ 40% 的份额，再继续增长将非常缓慢。因此，华为从 2010 年起寻求拓展自身的业务边界，全面进军消费者业务及企业业务（华为早在 20 世纪 90 年代已进入固定电话机领域，之后陆续开展"村村通"无线终端、小灵通手机和 3G 网络终端等业务）。

华为的首要战略管理原则是奋力增长，只有大的战略机会才能孕育出大产业、大企业。虽然华为的运营商业务市场份额逐年提高，但是通信网络设备的市场空间却在萎缩下滑，目前市场空间约为 1 500 亿美元。而随着智能手机、移动互联网、大数据、云计算等业务的兴起，智能终端的市场空间约为 5 000 亿美元，企业业务的市场空间约为 1 万亿美元。

华为进入消费者业务和企业业务，还有一层战略焦虑：华为原来的手机 ODM（Original Design Manufacturer，原始设计制造商）业务是面向运营商大客户的定制需求，并没有直接接触消费者和感受消费者的需求。这意味着，对华为而言，很难落实"以客户为中心"的产品开发，很有可能在随之到来的移动互联网大潮中丧失先机。

因此，在这一时期，华为的战略选择是要成为 ICT 基础设施和智能终端提供商。华为的愿景是把数字世界带入每个人、每个家庭、每个组织，构建万物互联的智能世界。

为此，华为根据市场特点和业务类型调整了组织架构。2011 年，按照市场和客户类型划分，华为形成了运营商业务、企业业务、消费者业务和其他业务四大 **BG**（Business Group，业务集团）。在业务集团中，可以有多个 **BU**（Business Unit，业务单元）。业务集团拥有更大自主权，独立核算，减少来自其他部门的掣肘。业务集团一般设置自己的人力资源管理部、**CTO**（Chief Technology Officer，首席技术官）办公室、战略与业务发展部和财经管理等部门。

2011 年，公司任命余承东负责消费者业务。余承东带领消费者 BG 从 ODM 白牌运营商定制，向 **OEM**（Original Equipment Manufacturer，原始设备制造商）生产华为自有品牌转型，取得了辉煌的业绩。根据华为公布的 2019 年财报，全年销售收入 8 588 亿元，其中消费者业务实现销售收入 4 673 亿元，营收占比超过 54%。

随着信息技术的发展，世界逐渐进入大数据时代和云计算时代，大数据业务带来了指数级的流量增长，而且数据的集中让 80% 的业务流量集中到了数据中心，加上服务器集群计算和虚拟机迁移等业务的应用，产生了海量的横向交互数据，这些对数据中心网络交换提出了更高的要求。因此，云服务已成为华为的基本商业模式。未来华为的战略方向是智能化，将通过联接、计算、云、**AI**（Artificial Intelligence，人工智能）四个方面来落地。其中，联接是华为的通信本行，计算、云、AI 则和算力、算法紧密联系。

2017 年，华为将此前属于 P&S（Products & Solutions，产品和解决方案）部门的云业务 BU 升级至华为集团旗下，作为第四个业务部门。

2018 年，华为宣布战略升级，将原有的 Cloud BU 调整为 Cloud & AI BU，战略性进入 AI 市场。

2019 年，智能汽车解决方案 BU 成立。

2019 年，在华为全联接大会上，华为公开整体计算产业战略，并提出"一云两翼双引擎"方针，全面拥抱开放生态。

2020 年 1 月，华为将主攻计算产业的 Cloud & AI 业务由 BU 调整为 BG，成为运营商、企业、消费者之外的第四个业务集团。

2019 年，华为 Cloud & AI 下的云业务和智能计算部门在全国巡回，在加强政企上云的同时，还推出了 Atlas 平台、落地鲲鹏、昇腾芯片等，不断提升 AI 和计算能力。为推进云业务的发展，任正非开始频繁拜访各省领导，在云计算、大数据、智慧城市等方面与多省签约。此外，任正非还亲自飞往多国拜会当地政府领导人和企业领导者，提出加大海外投资、在海外发展云业务的想法。

华为 2019 年财报披露，企业业务助力行业客户数字化转型，打造数字世界底座。全球已有 700 多个城市、世界 500 强企业中的 228 家，选择华为作为其数字化转型的伙伴；华为首次发布了计算产业战略，致力于成为智能世界的"黑土地"，推出全球最快昇腾 910 AI 处理器及 AI 训练集群 Atlas 900，实现销售收入 897 亿元人民币，同比增长 8.6%。

在扩展业务边界的同时，华为的管理体系面临着从单一到多特性的演进。公司需要处理好传统业务与新业务之间的关系，解决公司无法以相同的流程承载不同的业务类型，不同的业务在销售、研发、品牌宣传等环节均存在较大的不同等问题。当时，全球没有一家企业能够同时将2B、2b 和 2C 这三种业务经营成功。

华为的企业业务在开展之初，沿用了华为电信运营商业务的"直销＋集成"模式，后来调整为"分销＋被集成"模式，因此交了不少"学费"。通过总结企业业务的发展规律，华为的企业业务逐渐发展起来。

2B 运营商业务和 2C 消费者业务在产品逻辑、品牌方向、人才文化、渠道拓展及战略规划周期上差异很大，如表 1-1 所示。消费者业务 BG 经历了巨大的阵痛，才转型成功。

表 1-1　华为 2B 运营商业务和 2C 消费者业务的五个维度对比

| 维度 | 2B 运营商业务 | 2C 消费者业务 |
|---|---|---|
| 产品逻辑 | 可靠性强 | 体验好 |
| 品牌方向 | 高品质 | 有温度 |
| 人才文化 | 工程师文化 | 消费者文化 |
| 渠道拓展 | 销售驱动 | 营销驱动 |
| 战略规划周期 | 3～5 年 | 2～3 年 |

在这个转型时期，华为需要学习和调整的是：

● 学习如何对不同的业务（运营商、企业、消费者、Cloud & AI）进行管控、考核与激励。

● 在流程方面，华为各项业务的流程架构不同，需要根据其特性进行变革。

- 在组织方面，华为之前偏向中央管控，现阶段则需要重新考虑对事业部的授权范围，以及决策权与考核评价权的下放，需要对一线授权、项目制进行变革。
- IT 方面，根据业务的特性进行变革。
- 权力下放之后，需要进行监管体系的变革。

2011 年，受到灾难电影《2012》的启示，华为开始建造自己的诺亚方舟——2012 实验室，将研究与开发在组织上分开。研究是将金钱变成知识的过程，开发则是将知识转换成金钱的过程。华为加大研究投入，将研究投入占比从原先的 10% 进一步提高到 20% ～ 40%。华为"炸开人才金字塔"，在研究和创新上张开喇叭口，灵活地应对未来的不确定性。

## 阶段五：制裁突围期的战略选择（2019 年至今）

2019 年 5 月 15 日，美国总统特朗普签署行政命令，要求美国进入紧急状态，在此紧急状态下，美国企业不得使用对国家安全构成风险的企业所生产的电信设备。美国商务部表示，将把中国公司华为及其 70 家附属公司列入"实体名单"。5 月 16 日，美国商务部禁止中国华为和华为旗下的 70 家企业在美国的销售和采买行为，很多美国企业召开紧急会议，并以书面形式和华为断绝一切商务合作。

2020 年 5 月 15 日，美国在华为遭遇禁令一周年之际，更改了出口规则，要求只要采用美国技术、设备的公司，要想和华为做生意都要向美国申请。

屈服于美国压力，英国政府在 2020 年 7 月 14 日决定，将从 2020 年 12 月 31 日起停止购买新的华为设备。此外，英国 5G 网络中目前所使用的华为设备须在 2027 年前拆除。

2020 年华为遭到美国的二次打击，从该年度第四季度开始直接断供芯片，导致手机终端营收在第四季度断崖式下降，并被迫出售荣耀终端业务和资产。

潘多拉的盒子已经被打开，如何保持业务连续性是华为在这一时期战略思考的重点。

2019 年 5 月 17 日凌晨 2 点，华为海思总裁就华为被列为美国商务部所谓"实体名单"一事公开致信所有员工，宣布存放在保密柜里的所有后备芯片全部转正，正式启动"备胎计划"。自此，华为开启了对"千疮百孔的烂伊尔 2 飞机"进行"补洞"的艰苦卓绝的工作。

同年，华为用 8 588 亿元营业收入（业绩增长 19.1%）向全世界揭露美国的霸权主义并非坚不可摧。任正非甚至表示：过去，华为是为了赚点小钱，现在是为了要战胜美国。"活下去"是华为的最低纲领，也是最高纲领，为了保持业务连续性和占领战略控制点，华为选择按下"加速键"。

因为华为手机海外用户受到禁用谷歌 GMS[①] 的影响，华为在 2020 年 2 月 24 日的巴塞罗那发布会上正式向全球推出华为移动服务（HMS），在华为智能手机上将 GMS 替换为 HMS，同时发布了华为自己的应用商

---

① GMS 全称为 Google Mobile Service，即谷歌移动服务；GMS 是谷歌开发并推广安卓的动力，是谷歌程序运行的基础。

店 AppGallery，目前应用商店内的 App 数量超过 5.5 万个，并在持续增长。与此同时，华为将投资 10 亿美元用来鼓励和扶持全球开发者为 HMS 进行软件开发。

2020 年 9 月 10 日，在第二届华为开发者大会上，华为推出了鸿蒙 OS 2.0、HMS Core 5.0、EMUI 11、HMS、HiLink、Research 等一系列软件生态技术产品。消费者 BG 负责人余承东表示："没有人能够熄灭满天星光。每一位开发者，都是华为要汇聚的星星之火。"

## ⊕ 华为的战略管理特点

华为认为战略管理是为实现战略目标而以终为始的管理过程，是战略解码到组织和个人的绩效管理，是持续锻造与目标匹配的强执行力的过程。从华为的战略转型历程和持续增长的业绩中，我们总结华为的战略管理有如下特点。

### 特点一：增长是王道，敢于抓住战略机会驱动业务发展

华为原先只是固定网络交换机厂家，从 1996 年开始投资无线通信业务，因为无线是当时通信领域的未来。但是，无线产品要进入当时已经被国外通信设备巨头占领的市场，需要拿出具有足够说服力的实验证明，而华为还是一家小公司，产品并没有大规模商用。对客户而言，华为的产品稳定性和品牌美誉度并没有建立起来，因此，华为无线业务连

续 9 年亏损，直到第 10 年才实现盈亏平衡。最终无线业务实现了领先的目标，成为为公司提供现金流的业务。

华为不是上市公司，可以不受资本市场的影响，把资金和精力放在中长期业务发展上。用任正非的话来说就是"华为不会因为财务报表的波动而担忧，可以为了理想而奋斗"。资本市场要求上市公司每个季度公开财务报表，短期的盈利对公司股价影响很大。不少上市公司为了支撑股价走向，采取的措施往往是砍掉短期没有业绩回报的业务或减少研发投资。

华为不追求利润最大化，而是追求一定利润率水平上的成长的最大化。任正非认为：利润最大化实际上就是榨干未来，伤害了公司的战略地位。[①] 华为不是不要利润，而是要将长期利润最大化，为了未来能获取利润，克制短期的利润渴望，把资源投向未来。

经小灵通业务战略决策失误一役，华为的战略经验教训是从"不做机会主义者"转变为"不做机会主义者，但不放弃任何机会"。华为擅长基于优势选择大市场，围绕核心竞争力扩展业务组合；敢于抓住战略机会扩张，敢于胜利才能善于胜利，用机会牵引资源分配；善于集中优势资源撕开市场的突破口，抓住产业调整期奠定长期市场格局。

## 特点二：聚焦主航道，不在非战略机会点消耗战略竞争力量

任正非在《华为的机会与挑战》（2000 年）中说："对于华为来讲，

---

[①] 摘自任正非 2010 年在 **EMT**（Executive Management Team，执行管理团队）办公例会上的讲话。

我们现在可选择的机会确实很多，但只有无所为，才能有所为，我们所为的标准只有一条，这就是不断地提升公司的核心竞争力。有了核心竞争力，我们还可以干许许多多的事情，失去了核心竞争力，我们将一事无成。所以我们一直在减少自己的多余动作。"

"不在非战略机会点上消耗战略竞争力量"，华为在厚积薄发系列广告"瓦格尼亚人在刚果河中捕鱼"中作出了最好的诠释，如图1-2所示。

不在非战略机会点上
消耗战略竞争力量

瓦格尼亚人在刚果河中捕鱼

图1-2　瓦格尼亚人在刚果河中捕鱼

图1-2中，一个瓦格尼亚人在刚果博约马瀑布手持巨大尖锐的木篮，站在巨浪翻滚的激流中。他只有在恰当的位置使用恰当的力量，湍急的河水才能顺势将鱼推进去，而他也不会被河水卷走。

对瓦格尼亚人来说，水流越急意味着捕获的鱼有可能越大，但是湍急的水同时也有可能致命。所以可以想象，瓦格尼亚人要捕到大鱼又不被河水冲走，唯一的选择就是全神贯注——站在恰当的地点，用恰当的角度和力量，才有可能捕捞到大鱼。否则，稍有闪失，便会被河水卷走。

这是一张非常有视觉冲击力的照片，任正非特别喜欢。任正非偶然在航空杂志上看到，认为这种照片能够形象地表达出他的战略思想和告诫，于是费了很大周折找到作者买下版权，并在照片的旁边备注了一句话——"不在非战略机会点上消耗战略竞争力量"。

笔者认为，这是任正非的告诫，提醒大家要做到战略聚焦，坚持在主航道上发力，集中战略资源抓住战略机会。这也是任正非反复向华为全体员工传递的一个信息：要有危机感。任正非曾说："一个人不管如何努力，永远也赶不上时代的步伐。只有组织起数十人、数百人、数千人一同奋斗，你站在这上面，才摸得到时代的脚。"华为在未来变化的市场、客户需求、技术发展及生态链合作中要时刻保持敏锐，充满活力，才有可能不被时代潮流抛弃，持续"活下去"。

首先，对行业发展趋势要有清晰的认识，在最恰当的时点，作出最合适的安排。当智能机取代了功能机开始成为主流的时候，任正非意识到，手机发展的机会窗打开了，果断地调任余承东，提高手机产品的质量，建立自己的品牌影响力。

找到战略机会点之后，专注，专注，再专注，持续提升自己的核心竞争力和战略控制点。聚焦主航道，坚持"压强原则"，力出一孔。华为从还是一家小企业的时候起，就把自己有限的资源集中在一个狭窄的领域里，坚持在大平台上持久地大规模投入，在整体的规模劣势上，通过压强原则形成局部的资源配置的强大优势，形成聚焦，这样才有突破点。

华为在创业初期就坚持将每年销售收入的 10% 以上投入到研发中。例如，2019 年研发费用高达 1 317 亿元，约占全年收入的 15.3%。截至 2019 年，近十年累计投入的研发费用超过 6 000 亿元。

2021 年 3 月 16 日，华为发布了创新和知识产权白皮书 2020，截至 2020 年底，华为全球共持有有效授权专利 4 万余族（超 10 万件），90% 以上专利为发明专利。在知识产权方面，华为的"核保护伞"覆盖了世界所有的地区与华为所有的产品，进入任何市场已无障碍。

持续的创新投入使得华为成为全球最大的专利持有企业之一。也正因为如此，华为面对美国制裁毫不惧怕，华为各个业务线的替代方案都已基本成熟，制裁对华为当前业务没有太大影响。

华为沿着自己的产业链，十年如一日地推进，不搞房地产，不搞国际贸易，也不搞金融投资，所有的资源、所有的精力就只投在 ICT 领域。

华为聚焦主航道业务，非主航道业务必须高利润，有所不为才能有所为。

## 特点三：在坚定不移的战略方向上，采取灵活机动的战略战术

华为认为"战略制定可能存在着偶然性，但我们必须通过战略执行管理把偶然性转化为商业成功的必然性"。

所谓灵活机动的战略战术，就是要随情况的变化而调整。根据环境随时变化阵形，产品、管理、组织等随需而变。

2003 年之前，华为没有涉足小灵通业务。当时涉足小灵通业务的

厂家主要是中兴通讯和 UT 斯达康。UT 斯达康由于小灵通业务一时风光无限，并开始瞄准华为的业务范围，打算以小灵通的高利润作为基础，捆绑销售软交换、光网络和无线（GSM/CDMA/3G）产品，从而进入华为的地盘，这引起了华为的高度警觉。

为了不影响主航道，华为采用了被动的"烧粮仓"竞争策略进入终端领域。

华为专门找到 UT 斯达康的财务报表进行分析，发现在 UT 斯达康的业务结构中，小灵通手机业务贡献了大部分利润，小灵通系统业务贡献了小部分利润，除此之外的其他业务全都在投入期。"打蛇要打七寸"，同时根据不同业务的进入难度，华为决定进入小灵通手机业务，并且要求：不准高利润，也不准亏本，自己养活自己，滚动发展。后来的事实证明，采取这样的战术非常高效。

正是在 3G、4G、5G 等主流技术上持续的巨大投入，创造了今天的华为。华为保持战略耐性，用"乌龟"精神追上"龙飞船"。

## 特点四：组织充满活力，高度激发内驱力，利出一孔

任正非在 2017 年华为公司战略务虚会上曾说过："一个公司取得成功有两个关键：方向要大致正确，组织要充满活力。"华为做到"组织要充满活力"的重要法宝是价值链管理。

华为的价值链管理有全力价值创造、正确价值评价和合理价值分配三个环节。其中，价值创造是通过激活劳动、知识、企业家、资本等价值创造要素，做大蛋糕。价值评价是"论功"，需要牢固确立的导向是

为客户创造价值，进行正确的价值评价。价值分配是"行赏"，导向冲锋和企业可持续发展，效率优先，兼顾公平（合理）。

价值评价需要对企业内组织和人员为客户和企业创造价值过程中的贡献作出公正的评价。价值评价的公正性为价值分配的公平性提供了前提，通过公平的价值分配进一步促进更大的价值创造，从而形成价值链螺旋式上升循环的机制。

华为对组织和相关管理者的绩效评价是责任结果导向。当期结果贡献、关键事件和长期战略贡献都是价值评价的关键内容。华为进入"无人区"之后，面对未来的"不确定性"，建立了对长期贡献的"回溯"机制，最大限度地做到"不让雷锋吃亏"。

"利出一孔"是组织充满活力的重要保障。华为员工的报酬主要分四块：工资＋奖金＋**TUP**（Time Unit Plan，时间单位计划）分配＋虚拟股分红。从 1990 年开始，华为就通过"工者有其股"与员工分享企业的成就。近年来，华为一直通过股权激励制度，实现真正意义的"以奋斗者为本"和"知识资本化"。目前，参与华为员工持股计划的人员占全体员工人数的约 50%，而任正非持股仅占公司总股本的约 1.4%。华为通过极具市场竞争力的薪酬吸引和激励"奋斗者"群体，这也是华为核心价值观"以奋斗者为本"的最重要体现。

2020 年，华为面临前所未有的生存压力，智能手机等业务的业绩受到严重影响，华为的利润也受到了较大的影响。不过，华为还是决定继续分红（2021 年 2 月 4 日，华为轮值董事长胡厚崑宣布：华为 2020 年股票分红，预计每股 1.86 元）。

另外，华为通过组织和制度建设要求员工必须将全部精力和心思投入公司的经营和业务。早在 2005 年，华为通过《EMT 自律宣言》，并通过制度化宣誓方式层层要求所有干部，杜绝内部腐败。华为的《EMT 自律宣言》中强调：

正人先正己、以身作则、严于律己，做全体员工的楷模。高级干部的合法收入只能来自华为公司的分红及薪酬，除此之外不能以下述方式获得其他任何收入：

● 绝对不利用公司赋予我们的职权去影响和干扰公司各项业务，从中谋取私利，包括但不限于各种采购、销售、合作、外包等，不以任何形式损害公司利益。

● 不在外开设公司、参股、兼职，亲属开设和参股的公司不与华为进行任何形式的关联交易。

● 高级干部可以帮助自己愿意帮助的人，但只能用自己口袋中的钱，不能用手中的权，公私要分明。

华为不允许员工炒股。对腐败行为采取"有必查、查必彻"高压政策，彻底将腐败分子清除出员工队伍，甚至移送司法机关处理。

## ⊕ 战略管理两大基本原则：以客户为中心，以目标为导向

华为战略管理的两大基本原则是以客户为中心和以目标为导向。华

为过去 30 多年的发展，在战略上坚持了两大基本原则，这也是任正非在历年市场大会讲话中出现频次最高的内容。

## 基本原则一：以客户为中心

华为战略管理的第一个基本原则是以客户为中心。为客户服务是华为存在的唯一理由，客户需求是华为发展的原动力。

华为之所以强调战略和创新必须以客户为中心，是因为经历过痛苦，有切身体会，正所谓"前车之鉴，后车之师"。在华为的发展过程中，出现过不少重大的战略失误，不过在以客户为中心的指导思想下，通过及时高效的反馈机制，华为的高层能够及时接收到市场和客户的信息，迅速调整战略。

早期的华为所面临的国内通信市场主要被摩托罗拉、爱立信、朗讯等国外厂家占领，设备的价格高居不下。华为一开始作为行业的跟随者，只需要依据明确的客户需求，按照已有的行业标准，模仿标杆厂家的产品和技术，将产品开发出来，通过稍低的价格／极高的性价比就可以售卖出去。华为通过压强原则将 C&C08 等产品研发出来，获得了巨大的成功，但也让研发人员陷入了"以技术为中心""以自我为中心"的膨胀心态。

2002 年，NGN（下一代网络）第一代产品 iNet 在市场上失利，被中国电信市场扫地出门，2003 年华为正式提出"产品发展的路标是客户需求导向"的指导思想，要求创新立足于客户需求，产品发展坚持客户需求导向，并构建和完善承载客户需求的 IPD 创新机制。之后华为重新调整 NGN 的方向，采取客户普遍接受的软交换技术，并将软交换技术复制到移动核心网领域，最后华为的核心网做到了全球第一。

华为进入"无人区"之后，成为行业领导者，必须自己领航行业的发展，因此，华为成立了自己的基础研究部门——2012 实验室。

今天的华为实施的是"技术创新 + 客户需求"双轮驱动，把握好业务发展的方向，构建产业竞争与控制力。华为原来将研发和创新投资资金的 10% 放在基础研究上，而现在对应的投资资金占比为 20%～30%。华为强调基础研究、技术创新也要以市场为导向和以客户为中心。

华为强调战略管理以客户为中心的另外一个原因是避免重蹈贝尔实验室的覆辙。

1925 年 1 月 1 日，AT&T 总裁华特·基佛德（Walter Gifford）收购了西方电子公司的研究部门，成立了一个叫作"贝尔电话实验室公司"的独立实体，后改称贝尔实验室。

1996 年，贝尔实验室以及 AT&T 的设备制造部门脱离 AT&T 成为朗讯科技（Lucent Technologies），AT&T 保留了少数研究人员，组建其研究机构——AT&T 实验室。贝尔实验室是朗讯科技公司的研究开发部门，承担的任务是提供技术以创建世界上最先进的电信系统。

贝尔实验室是晶体管、激光器、太阳能电池、发光二极管、数字交换机、通信卫星、电子数字计算机、蜂窝移动通信设备、长途电视传送、仿真语言、有声电影、立体声录音以及通信网等重大发明的诞生地。贝尔实验室自成立以来共推出 27 000 多项专利，平均每个工作日推出 4 项专利。

贝尔试验室的使命是为客户创造、生产和提供富有创新性的技术，这些技术使朗讯科技公司在通信系统、产品、元件和网络软件方面处于全球领先地位，一共获得 8 项诺贝尔奖（7 项物理学奖和 1 项化学奖）。

2008 年 8 月 7 日，由于其所有者阿尔卡特朗讯连续 6 个季度亏损，自阿尔卡特和朗讯科技合并以来从未盈利，市值蒸发了 62%，阿尔卡特朗讯不得不出售已有 46 年历史的贝尔实验室大楼，美国新泽西州的 Somerset 房地产开发公司购得后，打算改建为商场和住宅楼。

从贝尔实验室的发展历史来看，它具有非常辉煌的技术创新成就，却倒在了移动通信爆发的前夜。

从华为的实践看，以客户为中心原则的要求主要体现在三个层面：客户界面、流程界面和文化界面。

### 客户界面的以客户为中心

客户界面的以客户为中心首先是指华为客户的成功才是华为的成功。为客户服务是华为存在的唯一理由，最核心的理念不是通过和客户搞好关系促成客户购买华为的产品及服务，而是客户利用华为的产品及服务创造出了让客户的客户满意 / 忠诚的价值。华为认为一切成果都产生于组织的外部，应坚持以客户为中心，快速响应客户需求，持续为客户创造长期价值。华为认为为客户提供有效服务，是工作的方向和价值评价的标尺，成就客户就是成就自己。客户业务的成功成为考核客户界面组织的一项绩效指标。

其次，需要立足于客户的业务场景，洞察和挖掘客户痛点及需求，力求产品和解决方案切中客户业务痛点。华为的 Single 系列产品就是这样的创新典范。在欧洲经济不景气的大环境下，机房租赁、设备用电等方面的支出即 OPEX（Operating Expense，运营成本）逐渐成为客户最关心的问题，基于客户的这种需求，华为开发出 SingleRAN、SingleEPC、SingleOSS 等产品，通过提高设备集成度将不同功能和业务融合在一套设备，大大降低了设备的占地面积和能耗，让华为在欧洲等发达国家市场取得重大成功，一跃成为全球最大的无线设备供应商。

最后，组织优化要朝着客户方便和华为做生意的方向。组织在客户界面要简洁，而不是越来越厚。华为海外代表处的负责人叫作国家代表，一线销售人员叫作客户经理，有两层含义，在客户界面代表华为，回到华为代表客户。一线能够呼唤炮火，而且能够呼唤到炮火，这就是任正非所说的"让听得见炮声的人来呼唤炮火"。

### 流程界面的以客户为中心

以客户为中心的流程管理追求的目标是构建"端到端"的流程，而非"段到段"的流程。华为的战略之一是质量好、服务好、运作成本低，优先满足客户需求，提升客户竞争力和盈利能力。华为非常重视通过流程管理来为客户创造价值和提升运营效率，围绕为客户创造价值，构建了三大端到端业务运作流程，即 IPD、**LTC**（Lead to Cash，客户购买意向到回款）和 **ITR**（Issue to Resolution，客户问题到解决）。

端到端流程倡导价值导向、客户导向和全局最优，关注流程最终创造的价值，得到利益相关方的认可，基于流程的价值与目的去定义流程环节与要求。

从流程管理的专业角度看，流程的客户价值就是解决客户关心的四大问题：快速、正确、便宜、容易，因此，应该站在客户（流程输出的对象）的角度来判断一个流程是否优秀。

- 快速（Fast）：顾客需要及时得到所需的东西，即流程的周期要短。
- 正确（Right）：流程的输出应是顾客所要的东西，并且满足质量要求。
- 便宜（Cheap）：顾客需要企业少花些钱就能满足他们的需求，即流程成本低。
- 容易（Easy）：容易与之做生意或业务，即流程要有友好、简单的界面，并能应对顾客需求的变化。

华为的 IPD、LTC 和 ITR 运作流程均以为客户创造价值为导向。尤其是 IPD 构建了从客户需求到客户交付的全生命周期的产品管理体系，牵引华为以客户为中心的模式发生了根本性的改变：由原先的"闭门造车""王婆卖瓜自卖自夸"推销式售卖产品，逐渐演变为通过提前洞察市场价值转移趋势和客户需求，把握市场节奏，对需求进行统一排序，形成产品路标规划，并且在产品开发和生命周期运营管理阶段进行投资决策管理。

客户参与是 IPD 精准对焦客户需求的关键保证。不管在产品战略规划和产品路标规划中，还是在产品的概念、计划、开发、验证等阶段，抑或是在技术预研项目中，IPD 流程均设计了相应的客户参与活动，让细分市场的目标客户参与到这些环节中，以有助于把握中长期需求和挖掘隐性需求，从而保证产品开发和技术创新不偏离以客户为中心。

**文化界面的以客户为中心**

华为核心价值观的第一条是以客户为中心。华为自成立以来对待客户需求一直怀有敬畏之心，坚持把对客户的诚信做到极致，以客户为中心已经融入华为员工的血液。

华为坚守以客户为中心，在有关客户的关键危机事件中体现得淋漓尽致。在阿尔及利亚地震、智利地震、尼泊尔地震及日本大地震、大海啸等自然灾害面前，在印度孟买的恐怖袭击中，当其他公司都忙着撤退时，华为却是逆向而行，"明知山有虎，偏向虎山行"，在客户最需要的时候冲上前去，在危险没有消除的情况下进入灾区，抢修被损坏的通信设施。

华为的高层更是以身作则践行以客户为中心的核心价值观。2011年 3 月日本大地震发生后，华为高层管理者孙亚芳立即前往日本，安抚员工，激励他们在艰难时刻为客户作出贡献。在地震后一周，华为 CFO 孟晚舟从香港飞到日本，整个航班连她在内只有两位乘客。

勇敢不是因为不害怕，而是因为心中坚守信念。只有发自内心真正认同并在文化上找到归属，"以客户为中心"才不会仅仅是口号，而是干部和员工时时刻刻的行动。也正是这份坚守，为华为赢得了客户的长期信赖。

## 基本原则二：以目标为导向

华为战略管理的第二个基本原则是以目标为导向。以目标为导向不是仅仅以销售额的达成为目标，要强调目标的均衡性：外部市场／客户评价目标和内部评价目标之间的平衡、财务目标和非财务目标之间的平衡、短期业绩目标和中长期发展目标之间的平衡、结果性目标和过程性目标之间的平衡。华为尤其关注新机会的孵化、新市场的市场份额及新产品的格局，而且在产品线、销售线实现良好的协同。有时为了突破某个山头市场，华为通过低价或免费等方式将产品和解决方案送给客户。

任正非曾经说："在大机会时代，千万不要机会主义，我们要有战略耐性，一定要坚持自己的战略，坚持自己的价值观，坚持自己已经明晰的道路与方法，稳步地前进。"

要实现中长期的发展目标，需要组织把握市场机会，增强组织能力，同时需要企业保持一定的"战略定力"，持续投入，保持"饱和攻击"，撕开市场的一个"口子"，进而取得最终的胜利。华为从 1996 年开始研发无线产品，1997 年，华为无线通信产品 2G 基站全套设备获得了邮电部的入网许可证。但是，对于当时国内运营商而言，首先它们"不差钱"，其次从追求产品稳定性和品牌公信力角度出发，它们不敢轻易使用未被市场成功验证的厂家的无线通信设备。因此，国内的无线通信市场被西方通信设备制造商牢牢占领，华为只能挤进国内边缘市场和转移到海外市场，从 1996 年到 2006 年，华为无线产品线持续投入，持续亏损。无线产品线到了 2007 年实现盈亏平衡，到了 2008 年将之前所有亏损弥补回来，之后一直为华为贡献现金流，被公司内部尊称"圣无线"。

目标制定是非常有挑战性的事情，需要综合考虑很多影响因素。不同的产品、不同的销售区域市场、不同的客户群体、不同的业务生命周期阶段，甚至不同的战略意图，都会影响目标的制定。

以目标为导向，除了确定大目标之外，更需要梳理支撑大目标达成的子目标和实现目标的关键路径。换句话来说，目标不能是空穴来风。

第二章

# 华为 DSTE 战略管理体系概要

华为在经过2000—2002年的停滞后，在2003年又获得了爆发式的增长，销售规模首次突破300亿元人民币的关口。同时，华为在全球化市场拓展中面对更多、更艰巨的挑战——市场环境更复杂、客户要求更高、竞争对手更强大，但同时也面对更多的机会。

受小灵通业务、英国电信认证等事件的影响，为了能够在全球市场上取得成功并实现可持续增长，华为必须构建中长期发展规划能力和足够强大的战略管理组织。纵观国际领先的标杆企业，如迪士尼、微软、谷歌等，均拥有强大的中长期发展规划能力，而且此项能力已经成为大企业的关键成功因素。因此，华为必须向国际一流企业学习战略规划和战略管理体系。

2002年，华为引入美世咨询公司（Mercer）的 **VDBD**（Value Drived Business Design，价值驱动业务设计）战略模型，开启了战略管理的变革之路。2003年，华为启动战略规划801；2005年，华为启动战略规划803，这是华为第一个真正意义上的比较规范的战略规划，主要参与者是海外地区部等重要主体；2009年，华为在战略规划807中引入IBM的 **BLM**（Business Leadership Model，业务领先模型）作为战略规划的方法论，并且作为中高层战略制定与执行联接的方法，一直沿用至今；2012年，华为引进战略解码 **BEM**（Business

Execution Model，业务执行力模型），经过实践中的不断摸索形成了 **DSTE**（Develop Strategy to Execute，开发战略到执行）战略管理体系。

华为认为，战略规划是实现企业愿景使命的谋划，是基于全局和未来作出有限资源下的取舍，是不断适配客户变化去寻找自身的定位与抉择。战略管理是指确定愿景和使命后，通过战略洞察识别发现和聚焦战略机会，制定战略规划（SP）和年度业务计划（BP），并配置资源推进落地执行，管理执行和监控目标达成的动态管理过程。战略管理不是静态的，而是主动洞察市场变化和利用自身优势，进行周而复始、持续提升管理水平的动态管理过程。

华为既追求"以客户为中心"战略规划的精妙，又在战略执行的科学管理上投入大量的时间和精力，这就是华为近20年来所构建的DSTE体系。有了这套战略管理框架及方法论，就能确保从市场洞察、战略规划、战略解码、战略执行到战略复盘形成一套闭环的动态螺旋式成长的机制。

在详细介绍华为DSTE管理体系之前，我们先来了解华为对流程的认识和企业运作管理体系架构。

## ⊕ 重新认识流程

现在越来越多的企业接受了流程的理念，认同流程对企业管理的价值，但是，从企业流程管理实践来看，不同企业对流程的定义和理解存在很大的差异。

ISO 质量认证体系对流程有如下定义：流程是一组将输入转化为输出的相互关联或相互作用的活动。其实，很多人所讲的流程管理就是精细化管理，这样的说法往往会陷入工具层面，难以满足现在市场需求快速变化、竞争愈发激烈和企业高效运营的业务需求。

流程管理大师迈克尔·哈默（Michael Hammer）和詹姆斯·钱皮（James Champy）认为流程就是一组共同给客户创造价值的相互关联的活动进程。在这里，流程的定义和突出价值是要给客户创造价值。流程聚焦于客户价值实现，通过一系列可重复、有逻辑顺序的活动，将一个或多个输入转化成明确的、可衡量的输出。从本质上说，流程是组织价值创造的机制。

那么，华为是怎样理解流程的？华为对业务流程的理解和实践，经历了三个阶段。

## 阶段一：流程就是业务本身

流程就是业务本身。企业按照现有业务的过程做法，以流程视图的方式呈现出现状流程，并整理形成流程制度文件。把这个流程制度文件作为标准作业流程，用来指导没有相关经验的员工开展工作，并提出明确要求。

很多企业对流程的理解和实践还没有达到这样的要求，因为将现状流程较为完美地呈现出来并不是一件容易的事情，需要群策群力。

即使解决了对业务流程认知不一致的问题，达到了按照流程的要求用同样的方式完成工作的目的，也存在诸多问题。比如日复一日，年复一年，简单、海量、重复的工作怎么去做更好？这就先要把它流程化、模板化，固化下来，最后采用 IT 支撑。

随着对业务的理解逐步深入，对流程工具和理念更加熟悉，企业对流程的认识有了进一步的提升。

## 阶段二：流程是业务最佳路径的总结

俗话说："条条大路通罗马"，但是总有一条是最佳的。遗憾的是，在流程构建的过程中，最佳路径不是那么容易找到。原因有三：一是企业目前还没有成功的业务经历和案例；二是虽有成功的业务经历和案例，但难以总结、呈现并加以复制推广；三是业务不是静态的，而是时刻在发生变化。

流程是企业通过深刻的教训总结，甚至付出了巨大代价才得来的优秀实践。不断积累最佳实践，才能让团队打一场有把握的仗。在集成产品开发（IPD）变革的初期，华为很多干部和员工是不理解和抗拒的。任正非教育华为员工要虚心学习和实践经过欧美企业几十年甚至上百年实践总结的优秀做法，将业界的宝贵经验和华为的最佳实践固化在流程中，持续地满足客户需求。

持续不断地把优秀业务实践固化到流程里面，并且把所有的业务风险与缺陷在流程中进行管控与预防，管理能力就会越来越强大。

## 阶段三：流程是战略资产，支撑企业持续成功

到了第三个阶段，企业对流程的认知是，流程不仅仅是业务最佳路径的总结，还包含了实现业务最佳路径所应该具备的能力，承载了各种管理要素的要求。换句话说，流程是企业的战略资产，可以支撑企业持续成功。

流程要"端到端"而不是"段到段"地为客户创造价值。如果企业基于职能，而不是基于流程来管理，会产生大量无效的管理行为，难以发现大量隐藏的管理浪费。

一位新调任的法国炮兵团长每次视察炮兵演习的时候，总发现有一名士兵一动不动、自始至终地站在大炮旁边，团长以前不是炮兵团的，就问旁边的军官，军官也回答不上来，只是说一直就是这样，因为操练条例历来都是这么规定的。团长对此颇为怀疑，查找资料了解到真相：以前，大炮都用马车牵引，需要一名士兵专门站在大炮边拉马，使因发射的后坐力而移动的大炮复位。现在，发射大炮是机械化操作，操练条例却没有作出相应的修改，结果就出现了一直都有一名士兵站在大炮边的滑稽现象。

笔者在华为大学分享华为流程和变革管理内容的时候，经常被前来参访华为的企业学员问到一个问题：因为市场竞争等因素，业务经常要求流程高效，甚至跳过流程"一步到位"，而质量审计、管控等部门却往往在流程中增加"监控"点，怎样解决这一对矛盾？

其实，如果将流程和监管放在不同的立场，对立起来，是无法解

决矛盾的。换言之，流程和监管的目标应该是一致的。企业需要将端到端为客户创造价值的过程理解为高速动车干线，各部门不应在其中增加过多"收费站"，这不但降低了车运行的速度，而且增加了很多运行成本。相反，各部门都应该努力成为动车组的"动车机组"，而非"拖车机组"，只有这样，动车组才能高效、安全、低成本地运营。比较务实的做法是将内控、质量和安全等方面的要素及要求写到流程里面，尤其是要设计和嵌入最易出问题的关键控制点，并且做好职责的澄清、分离以及后续的稽查。

企业通过减少例外管理、扩大例行管理，不断将隐性操作转换为显性操作并且持续系统化，持续总结业务成功做法，提升背后的组织能力，才能够支撑业务持续成功。

## 企业运作管理架构和流程框架

企业运作管理架构非常重要，可以避免不同任期的管理者随意地翻烧饼式折腾。华为认为管理变革和持续改进是企业中长期任务，任正非在 2013 年度干部工作会议上强调："我们一定要站在全局的高度来看待整体管理构架的进步，系统地、建设性地、简单地建立一个有机连接的管理体系，要端到端地打通流程，避免孤立改革带来的壁垒。"华为对企业运作管理架构有自己独特的深刻认识和实践，如图 2-1 所示。

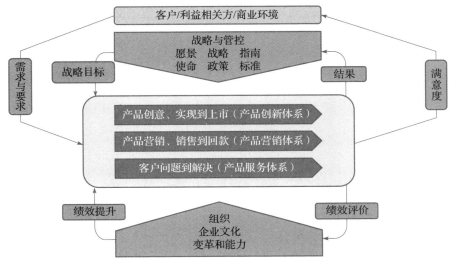

图 2-1　企业运作管理架构

该架构有三个重要的管理闭环:

- 从客户到客户的闭环。业务流程承接客户／利益相关方／商业环境对企业提出的需求与要求,企业通过"IPD 产品管理流程管理客户需求实现,LTC 销售管理流程实现从线索到回款,ITR 服务管理流程实现从问题到解决",实现价值创造,提升客户满意度并获得客户反馈。这是"为客户服务是华为存在的唯一理由"价值观的体现。

- 从战略到价值创造的闭环。战略与管控定义企业战略方向、战略目标,以及如何管控。通过价值创造流程的运作,最终将商业结果反馈到战略与管控环节,实现战略目标的落地和持续改进。

- 管理体系持续改进的闭环。企业的组织、文化、变革和能力支撑业务流程的高效运作，并通过业务流程的绩效评价管理体系成效。

在华为的流程框架体系中，将流程分为三个类别：运作（Operating）流程、使能（Enabling）流程和支撑（Supporting）流程，如图 2-2 所示。

图 2-2　华为的流程框架

- 运作流程：客户主要价值创造流程，端到端地定义为完成对客户的价值交付所需的业务活动，并向其他流程提出协同需求。

- 使能流程：响应运作流程的需求，用以支撑运作流程的价值实现。

- 支撑流程：公司公共服务基础性的支持流程，为使整个公司能够持续高效、低风险运作而存在。

华为的运作流程是沿着业务流的概念构建的。华为认为"为客户服务是华为存在的唯一理由"。华为的运作流程（即为客户进行价值创造的流程），其实对应着公司三件大事：

- 第一件事：把产品开发出来，产品从有创意、概念开始，到产品上市及生命周期管理。

- 第二件事：把产品变现，要有客户买，形成订单，发货、安装、验收、回款。

- 第三件事：客户有这样那样的需求，产品要不断地改进升级，因此有问题了就要解决。

这三件事对应着三大端到端业务运作流程，分别如下：

- IPD，即 Integrated Product Development（集成产品开发）。从客户需求到产品上市的全生命周期管理的端到端。

- LTC，即 Lead to Cash（客户购买意向到回款）。从销售线索、销售机会到合同交付及回款的端到端。

- ITR，即 Issue to Resolution（客户问题到解决）。从客户投诉、问题处理到问题解决及关闭的客户服务端到端。

使能流程支撑运作流程高效运行，主要有开发战略到执行（战略管理）、资本运作、客户关系、服务交付、供应、采购和管理合作伙伴等方面的流程体系。例如，华为最初从事运营商业务，没有管理合作伙伴，因为运营商业务大多是直销，不需要有合作渠道。后来，华为开展消费者业务和企业业务之后，通过业务设计和价值创造运作流程的分析，发现需要在使能流程中增加对渠道、分销等合作伙伴的管理。

支撑流程通常包括人力资源、财经、变革与 IT、业务支持等流程体系。

在华为的流程框架中，DSTE 体系属于使能流程。

## ⊕ DSTE 的整体介绍

DSTE（开发战略到执行）体系是端到端的战略管理流程体系，是企业的领导价值流，管理体系的集成是通过战略管理流程来实现的。打一个比喻，IPD 实现了各功能部门在产品开发上的集成与协同，则 DSTE 是管理的"IPD"流程，对各功能部门（产品线、地区部、战略部、HR 部、财经部、质量部等）的管理实现了有机的集成与协同，同时，DSTE 端到端战略管理流程就是组织的绩效管理流程。

DSTE 流程框架有四大阶段：战略制定、战略解码、战略执行与监控、战略评估，也可以分别称为战略规划（中长期发展计划）、年度业务计划与预算、BP 执行与监控闭环、业绩与管理体系评估，如图 2-3 所示。其中，战略规划发现战略机会点和识别市场价值转移趋势。年度业务计划与预算确保全员"力出一孔""利出一孔"目标聚焦，战略解码质量决定战略执行质量。BP 执行与监控闭环要"做得到"，重在落地结果，以结果为导向，战略执行质量决定战略成败。业绩与管理体系评估须敏捷迭代、反思改进，并且重视管理体系的评估和建设。

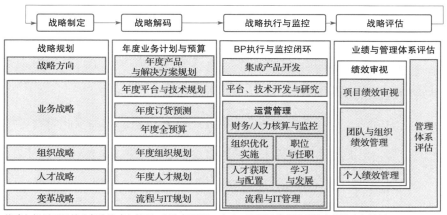

战略与规划不只是业务的战略与规划，还包括组织、人才、流程及管理体系的变革战略与规划。

图 2－3 战略管理的流程框架 DSTE

DSTE 是制定战略规划、制定年度业务计划与预算、实现 BP 执行与监控评估的统一流程框架和管理体系，保证公司及各业务单元的中长期战略目标与年度计划资源预算和滚动计划的一致性，确保各业务单元协调一致，牵引公司建立稳定和可持续发展的业务，管理公司及产业的投资组合，支撑公司战略与业务目标的实现。

在一次企业内训中，在笔者分享华为战略管理 DSTE 内容之后，该企业董事长站起来总结和分享他对 DSTE 的认识：DSTE 管理体系包含的内容非常全面。首先，框架性和逻辑性非常强，在战略规划 BLM 和战略解码 BEM 方面有很多工具和方法论一步一步推导出各层级的重点工作、工作目标和计划；其次，虽然 DSTE 体系看似非常庞大和复杂，但是很接地气，因为企业的经营管理、目标管理和绩效考核等日常工作是根据战略规划，尤其是年度业务计划确定的，执行之后反过来验证战略规划和年度业务计划的有效性。DSTE 其实使企业的战略规划、年度业务计划和企业经营管理工作形成了"一张皮"，而不是"两张皮"。

作为流程，DSTE 完整地澄清了一个组织战略从制定到执行的业务脉络和管控视图。

作为方法，DSTE 能够帮助我们正确理解现状，并基于此勾勒可实现的未来，更能帮助我们把未来的愿景变成当下可执行的任务。

作为文化，DSTE 承载的是企业管理持续追求发展、追求卓越的价值导向。心中有诗和远方，眼中有方向，脚下有选择，再通过认认真真、踏踏实实、坚定不移的执行不断延展我们脚下的路，这就是 DSTE 所代表的文化。

## ⊕ 战略规划子流程

SP（Strategy Plan，战略规划），又称中长期发展计划，时间跨度为从下一年度开始的 5 年时间。公司的各产品线、地区部、全球技术服务部、供应链每年春季必须开展 SP 的制定，并于年中通过 EMT 团队的评审。

SP 不只是业务的战略与规划，还包括组织、人才、流程及管理体系的变革战略与规划。SP 围绕的主题是中长期资源分配的方向和重点。

制定 SP 的目的如下：

- SP 是对各部门长远发展目标的清晰体现，是根据公司的愿景，把各部门的战略正式化，其中包括长期的战略目标和资源分配。

- SP 制定过程中，各部门和公司高层会就部门的目标和业务发展方向进行正式交流。通过这项活动，使各部门管理团队与公司 EMT 就部门发展的战略里程碑达成一致，上下对齐，避免战略偏差。

- 保证各部门的战略具有一致性。作为公司的一个部门，其战略不可避免地受到其他部门的影响，通过 SP 制定过程中的协商和裁定，可以保证公司各部门的战略能够协调一致，左右对齐。

- SP 是各部门重大行动和决策的依据，是年度业务计划的基础，是各项工作的龙头。

- 提高管理效率。

在华为内部，战略规划简称为"五看三定"。"五看"是指看趋势、看市场/客户、看竞争、看自己、看机会，主要输出未来 3～5 年的战略机会点及机会窗的战略机会点。"三定"是指定未来的目标、定未来的策略、定未来的战略控制点，从而确定未来的核心竞争力所在。SP

的主要输出有：

- 输出机会点业务设计：客户选择、价值定位、利润模式、业务范围、战略控制点、组织。
- 输出中长期战略规划：三年战略方向、三年财务预测、客户和市场战略、解决方案战略、技术与平台战略、质量策略、成本策略、交付策略等。

# ⊕ 年度业务计划与预算子流程

**ABP**（Annual Business Plan，年度业务计划）通常简称 BP，时间跨度为下一个财政年度。制定 BP 是各个产品线 / 部门的年度重点工作之一。通过 BP 的制定，公司相关部门的资源利用效率得到提高，产品的目标更加明确，年度预算更加清晰。

公司要求各部门在秋季开展 BP 的制定工作，并在次年 3 月底前通过公司审核。各部门的 BP 包含过去一年部门的总体运营情况、未来一年部门的目标、财务预算、产品策略、区域销售策略、客户拓展策略、服务策略、品牌策略、交付策略等内容，是跨度为一年的作战方案。

制定 BP 的目的如下：

- 在公司总体预算的纲领下，通过与周边部门的协调沟通，结合 SP 的战略安排，落实来年的资金预算和人力部署，同时对具

体的重大市场机会详细分析并推动落实，保证行动和策略的一
致性。

- BP 的制定也是一次全面、系统的分析活动，通过多个部门的交
  互，深入地挖掘各部门来年的机会和威胁，有利于各部门捕捉市
  场机遇和降低运营风险，保障战略计划的顺利实施。

- BP 是各部门未来一年 **KPI**（Key Performance Indicator，关键
  绩效指标）、**PBC**（Personal Business Commitment，个人绩效
  承诺）等制定的主要依据，将逐步成为指引各部门的日常运作的
  行动纲领。

BP 的主要输出内容有：

- 体系的目标、策略、行动计划；

- 机会点到订货；

- 关键财务指标、预算、组织 KPI。

为了使 BP 能够承前启后、上下对标，SP 需输入六个方面的内容
到 BP：

- SP 市场空间 / 机会输入机会点到订货目标；

- 战略优先级指导投资组合；

- 战略举措导出年度重点工作；

- 战略目标落入年度 KPI 与 PBC；

- SP 人力规划导入 BP 人力预算；

- SP 预算导入 BP 全面预算。

如果说 SP 是基于市场洞察和大胆假设，对未来的美好蓝图作出

的前瞻性判断，有很大程度的艺术成分，是一道语文题，那么，BP
就是小心求证的确定性计划，是一个规范的科学管理过程，是一道数
学题。

BP 是将战略规划语文题翻译成年度经营计划数学题，通过经营分
析持续提升经营质量，将经营目标转化为经营结果的管理过程和系统，
如图 2-4 所示。

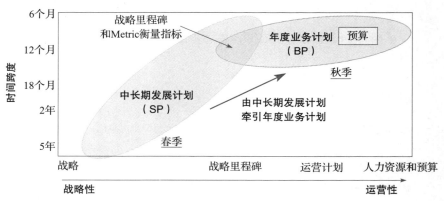

SP也叫春季规划，是未来3～5年的规划。
BP也叫秋季规划，是1年的规划，主要是业务计划和预算。

图 2-4 SP 和 BP 的关系

关于 SP 和 BP 更详细的对比内容，请参考表 2-1。

表 2-1 SP 和 BP 的对比

| | SP | BP |
|---|---|---|
| 理念 | 规划未来 | 业绩合同 |
| 时间层面 | 今后 3～5 年 | 下一年 |
| 计划目标 | ● 战略目标（长期及规划期内）<br>● 3～5 年财务目标 | ● 战略计划的第一年目标，可根据最新信息调整<br>● 强调运营参数 |

续表

| | SP | BP |
|---|---|---|
| 内容 | • 确定何处改变、何时改变以及如何改变的选择<br>• 有更多具前瞻性的价值转移和业务设计的思考<br>• 优化投资和成本结构，实现持续高回报，创造卓越价值 | • 从战略举措（战略行动计划）着手<br>• 确定执行这些举措的详细行动步骤、所需资源和负责人员<br>• 运营计划的内容是实际实施的方法、流程和业绩指标 |
| 财务观点 | • 重点放在中长期价值创造上<br>• 财务预测能辅助判断战略是否具有灵活性及财务的稳健性 | • 重点在于业绩的衡量和管控<br>• 第一年财务预测作为未来财年企业管理层和高层间"业绩合同"的一项内容 |

SP 的关键节点包含战略洞察（类似于内部外部环境分析）、战略方向（产品与市场定位）、战略机会点、业务设计、战略里程碑等，以大方向和大原则为未来指明去处。

BP 就是对应 SP 之后的具体落地：机会点到订货市场目标、对应的策略和行动计划、关键财务指标、财务预算和人力预算、组织 KPI 和个人 PBC。这些环节要互相支撑、层层相扣，否则不会具有可执行性，如图 2-5 所示。

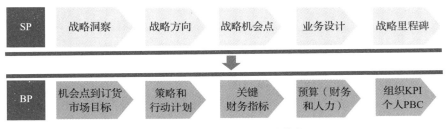

图 2-5 SP 和 BP 的关键节点

以某产品线为例，SP 向 BP 输出的必要内容有：

- 该产品线的市场规模预估：产品线的市场空间，公司可以参与的机会点以及市场份额。

- 在产品线中，按照战略优先级进行细分：哪些子产品是价值产品，哪些区域是价值区域，哪些客户是价值客户。所谓价值，是指有利于合同额、订货额和利润的导向，旨在构建公司长远的核心竞争力。

- 预算的预估：包含收入、利润等关键产品指标，投入预计以及经营策略方向、人力预算等。

- 关键任务以及子任务：关键举措、任务清单、业务目标以及关键业务策略。

BP 根据以上输入，输出自己执行层面的具体内容并形成汇报内容：

- 机会点到订货（华为的订货指的是合同额）的落地分解；

- 产品的投资组合以及全面预算；

- 人力预算；

- 年度重点工作；

- KPI/PBC。

## ⊕ 管理执行与监控子流程

管理执行与监控的主要内容有管理 **IBP**（Integrated Business

Plan，集成经营计划）、管理重点工作、管理 KPI、管理运营绩效、管理
战略专题等。

　　管理 IBP 主要包括管理各项业务滚动计划（含销售、研发等）、管
理财务预算和管理人力预算。通过计划预算来牵引，通过核算对计划预
算执行情况进行评估和监控。通过计划预算核算实行闭环管理，实现对
经营单元的有效管理。

　　管理重点工作是指统一管理和监控支撑战略规划和年度业务计划目
标达成的关键性工作，如新的产品和解决方案开发、关键领域的变革项
目、市场突破等。

　　管理 KPI 是管理组织绩效 KPI 指标，确保战略目标纳入组织绩效
目标及高管 PBC。

　　管理运营绩效通过运营仪表盘，掌握 SP/BP 落地情况，并进行闭
环管理。

　　管理战略专题就是管理未来的关键战略课题，需要将关键战略课题
提出来并做深度研究，弄清楚未来的趋势、对公司的影响以及公司怎样
应对。

　　管理执行与监控是例行化的工作，通过经营分析会、BP 与预算
季度审视（或半年审核）进行 SP 和 BP 的跟踪与闭环，其中包括高管
PBC 绩效辅导和绩效评价等工作。通过绩效的闭环管理（既包括组织绩
效的闭环，又包括管理者个人绩效的闭环），最终将对 SP 和 BP 的执行
结果体现于组织团队、管理者的绩效结果评定、奖金分配、薪酬评定和

个人晋升等方面，形成战略到执行的闭环。

经营分析会是企业运营管理中的重要会议，顾名思义，按照一定的周期（如双周、月度、季度等），对经营状况进行分析，围绕目标，发现差距，分析问题和解决问题。通过 PDCA 的闭环管理，使得年初制定的战略和目标能够有效达成。

BP 季度审视是在每个季度的财务指标统计出来后，由各部门管理团队对部门上季度的主要运营指标进行回顾检查的行为。

季度审视一般来讲是较为短期的活动，公司总部没有安排各部门间的沟通。各部门如认为有必要进行跨部门协商，可自行安排。各部门的季度审视主要目的如下：

- 分析上季度各部门各项指标的完成情况，对市场形势、目前面临的问题进行深入的研究，制定出相应的措施，包括竞争策略、季度预算、人员安排等，以保证完成各部门的年度任务。

- 通过季度回顾，发现新的市场机会，并且通过对各部门的资源调配来把握市场机会。

- 通过季度回顾，反思 SP、BP 活动中的一些预见和假设的合理性和客观性，改进工具和方法论，搜集深入研究的课题。

需要注意的是，不同时间维度的规划和审视关注问题的角度和方法会有不同，不能简单看待，特别是季度审视、年度刷新中对有些预测的偏差，不应简单否定，也许和时间长短、偶发事件等因素有关，需要仔细辨识。

## ⊕ DSTE 的例行运作安排

华为的 DSTE 战略管理是一个周而复始的过程。华为的 DSTE 逻辑图 / 日历图按当年 4 月到次年 3 月的运营时间轴，为我们解析了华为的端到端战略管理流程，如图 2 - 6 所示。

市场洞察在战略规划之前，是企业例行化的业务活动。企业应该时刻洞察市场变化和竞争环境，对市场机会进行广泛扫描和选择，并源源不断地为战略规划提供高价值的洞见 / 战略机会点，在 SP 和 BP 中引用其分析结论。因此，企业需要构建和逐渐完善市场洞察管理体系。

识别战略问题和战略专题研究贯穿端到端的战略管理全流程。

SP 一般在每年的 4 月份（春季）启动，一直持续到 9 月底才基本完成，采用滚动规划方式。例如，2021 年 4—9 月进行的是 2022—2026 年的五年战略滚动规划，2022 年 4—9 月进行的是 2023—2027 年的五年战略滚动规划，依此类推。

下面以公司层面的 SP 制定为例说明。

公司层面的 SP 制定分三大阶段：公司愿景与战略方向、产品线 / 销售线 / 职能 SP 和 **CSP**（Corporation Strategy Plan，公司战略规划）。

制定公司愿景与战略方向阶段的主要活动有：

● 根据产品线、销售线经洞察所提供的预测数据，公司战略部制定出企业价值转移和竞争地位初步意见并向 EMT 呈现。

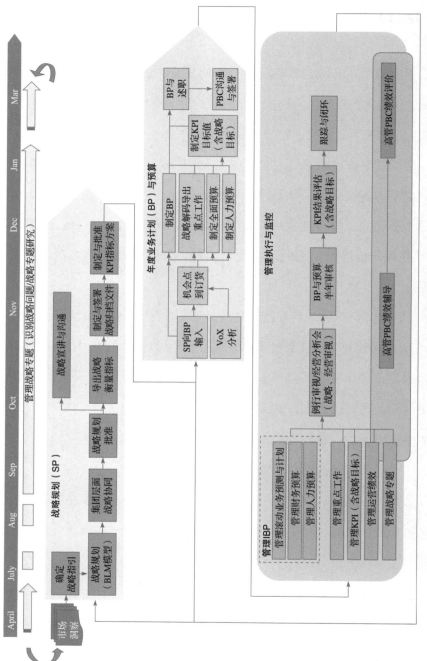

图 2－6 华为的 DSTE 逻辑图／日历图

- 在 M1① 中，EMT 论证华为企业战略方向：投资优先排序、战略关键问题、目标假定及需破题深入研究的理念等的初步优先排序。
- 公司战略部在 **C-PMT**（Corporation-Portfolio Management Team，公司产品组合管理团队）会议上将 EMT 决策总结传达给产品线、地区和职能部门。

制定产品线／销售线／职能 SP 阶段的主要活动有：

- 产品线、销售线和职能部门制定自己的中长期发展计划，明确关键破局问题，并在 C-PMT 会议及 EMT/IRB 会议（M2 和 M3）上进行讨论。
- 公司战略部为产品线、销售线和职能部门制定其 SP 提供方法论和空间等支持。
- 公司战略部建议是否执行优先排序的深入破题研究。

制定 CSP 阶段的主要活动有：

- 产品线、销售线和职能部门为自己的计划制定一个执行摘要，作为 CSP 的一部分。
- 公司战略部将产品线、销售线和职能部门的 SP 整合到 CSP，制定出企业投资组合战略、企业资源需求与配置，明确关键任务和蓝军专题。

---

① M 为 EMT/**IRB**（Investment Review Board，投资评审委员会）会议，依次为 M0、M1、M2、M3 和 M4。

- CSP 经 C-PMT 组织论证，并在 EMT M4 会议上审议通过。

- CSP 将是公司及各条线制定 BP 的指南。

产品线、销售线（区域销售组织）、职能部门等的 SP 的制定按照 BLM 模型（从差距分析、市场洞察、战略意图、创新焦点、业务设计，到关键任务、正式组织、人才及文化与氛围），输出长期发展计划的全部内容。

其间有多个不同团队层面的会议评审点，各会议评审所关注的内容不同。例如，产品线与区域就市场趋势价值转移及竞争等分析沟通，以期对市场机会和空间有个"碰撞"；产品线与区域就初步战略方向、目标、机会、关键问题等进行沟通，以期就战略目标有较一致的诉求。

此外，高层投入是确保战略规划正确方向的重要保障，EMT/IRB 等高层会安排专门的会议对战略规划进行评审。

DSTE 战略规划部分是从市场洞察到战略指引，到战略规划，再到集团层面的战略协同、战略规划批准。接着导出战略衡量指标，签署战略归档文件，制定 KPI 指标方案及战略宣讲。

需要注意的是，在完成战略规划后，紧接着输出战略衡量指标，并且形成各个组织的 KPI 指标方案。这样安排的目的是为下一步的组织绩效管理提供输入，同时避免战略管理和绩效管理"两张皮"。

在战略规划之后，年度业务计划与预算一般在前年的 10 月份（秋季）启动，一直持续到次年 3 月底才基本完成。例如，2021 年 4—9 月进行的是 2022—2026 年的五年战略滚动规划，2021 年 9 月至 2022 年 3 月进行的是 2022 年的年度业务计划与预算，依此类推。

如何在 BP 的制定中落实 SP 的各项输入与要求？ BP 的制定流程如下：

- 9 月，BP 与述职开始启动筹备，包括产业目录及销售目录、投资组合与研发费用口径与原则，以及年度业务计划与预算、经营管理规则。

- 9 月底、10 月初启动全面预算评审，SP 向 BP 输入，10—11 月进行机会点到订货分析、制定预算约束条件、制定人力预算管控条件，11—12 月进行机会点与订货目标第一稿评审。

- 12 月，根据机会点与订货目标第一稿和 SP 的输入，制定出 BP，包括投资组合规划，以及技术、品牌、营销、变革等业务规划，并导出重点工作。结合预算约束条件，制定全面预算。结合人力预算管控要求制定人力预算。

- 次年 1 月，进行投资组合与研发费用、重点工作、全面预算、人力预算评审，一方面输出 BP 与述职报告，另一方面制定组织 KPI 目标值和高管 PBC。

- 次年 3 月，进行 KPI 目标值评审、BP 与述职、PBC 沟通签署。

这就是在 BP 制定过程不断输入 SP 要求的完整流程，在这个过程中，战略逐渐落地。

管理执行与监控的对象是 SP 和 BP。

经营管理团队通过以战略落地经营管理会和战略纠偏（战略健康度）审视会为主的方式，常态化监督和控制战略执行情况。

其中，战略落地经营管理会一般以双周或月度为周期。主要活动有：

- 汇报关键人物的工作进展和状态（借鉴交通信号灯预警），并确定下一步策略。
- 对风险进行决策，确定应对方案，协调资源，并落实下一阶段的工作任务。

战略纠偏（战略健康度）审视会根据环境变化进行纠偏以及阶段性复盘，一般以季度为周期。主要活动有：

- 审视战略目标的正确性，根据进展不断调整重点工作任务。
- 根据市场环境变化（宏观、客户、竞争对手及关键技术等）调整战略。
- 阶段性复盘，提炼经验和教训，包括组织、流程、激励机制。

总之，DSTE 战略管理日历化，将战略规划、年度业务计划与预测、全面预算、人力预算、重点工作、KPI、PBC、述职等进行有效集成，明确各环节的开展节奏和评审程序，能够确保各业务单元、各职能部门的战略管理运作高效。

在 DSTE 管理体系中，战略规划的主要方法论是 BLM（业务领先模型）。年度业务计划与预算的主要方法论是 BEM（业务执行力模型）。年度业务计划不仅将战略规划的要求解码到管理者的 PBC，而且将组织绩效要求解码到基层员工的 PBC。

BLM 和 BEM 方法的持续推行，保证了战略规划的质量，并将战略规划有效分解到组织与个人，促进了公司业务的中长期稳定增长。

第三章

**战略规划**

如前所述，SP（战略规划）的主要方法论是BLM（业务领先模型）。

BLM是怎么来的？1992年经过V字形发展之后的IBM发现，企业战略失败的主要原因不是战略没有制定或者战略不好，而是战略被搁置在高层管理者办公室的文件柜里了，没有被下级理解和有效执行。

为了长期而一贯地用一套稳定的方法论把战略规划及战略执行抓好，在郭士纳主导下，IBM成立了一个由几十位公司内部专家和几位哈佛大学研究战略最透彻的学者组成的团队，结合业界成功实践，共同开发出BLM。

事实上，BLM框架的核心内容（即战略和执行这两大部分）不是IBM发明的，而来源于战略管理领域和组织行为学领域两个著名的模型——斯氏业务设计模型、纳德勒－塔什曼组织一致性模型，以及动态能力理论。IBM通过中间桥梁的搭建，将战略和执行整合成为一个完整的框架，在企业内推动执行，IBM的贡献正在于此。

BLM是一套战略管理和领导力发展工具，也是企业中高层用于战略制定与执行联接的方法，如图3-1所示。BLM模型以双差分析（业绩差距与机会差距）为起点和输入，以领导力为根本，以价值观为基础，主体内容为战略设计的四个模块（市场洞察、战略意图、创新焦点、业务设计）和执行设计的四个模块（关键任务与依赖关系、正式组织、人才、文化与氛围），共 11 个模块。BLM 模型帮助企业管理层在企业战略规划与执行设计的过程中，进行系统思考、务实分析、有效的资源调配及执行跟踪。

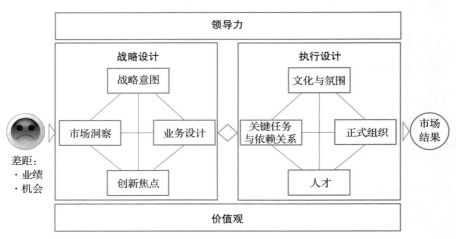

图 3-1　BLM 模型的框架

在和企业管理者交流的过程中，笔者发现很多管理者有一个误区：认为 BLM 的执行部分对战略规划方案的执行。其实，这样的理解是完全错误的。战略执行阶段是在战略规划、战略解码阶段之后的（读者可以查阅本书第二章第三节有关 DSTE 的整体介绍）。BLM 模型中的执行部分要求对战略设计方案／业务设计制定出科学的执行方案。BLM 模型认为执行方案的设计需要从关键任务与依赖关系、正式组织、人才、文化与氛围四个方面进行系统思考，并将其纳入战略规划，这样才能形成完整的战略规划内容。

很多企业的战略规划是由老板一个人制定的，没有经过系统性的思考和组织层面的研讨，更没有解码输出战略规划的执行方案。在战略协同和战略落地的过程中，存在非常大的执行衰减，因此，战略目标的可达成性可想而知。

华为自 2009 年开始，以 3 000 万美元正式引入 BLM，其应用深度和广度超过了 IBM，并且内涵和外延不断扩展。

## ⊕ BLM 对企业战略制定和执行的价值

根据笔者的观察，很多企业开始了解、学习和实践 BLM 模型。华为对 BLM 模型的实践广泛且深入，并且内化为战略规划和落地的主要流程。更多的企业仅仅做了一两次战略管理培训，浅尝辄止。

BLM 模型对企业的价值及意义是持续寻找几个问题的关键答案：我们准备去哪儿？我们现在在哪儿？我们怎样去？

首先，企业从战略规划、战略解码、战略执行到战略复盘的逻辑，其实是企业"爬山"的一个过程。就拿攀登珠穆朗玛峰来说，登顶不是战略的全部，只能算是设定了一个非常有挑战性的目标，即回答了问题"我们准备去哪儿"。

其次，我们还需要清楚自身的现状。例如，我们现在是在珠峰大本营，是在拉萨，还是在北京？即需要回答问题"我们现在在哪儿"。

最后，我们怎样从出发地向目的地迈进？即需要回答问题"我们怎样去"：我们需要分几大步走？每一大步的目标分别是什么？为了实现目标，我们的战略设计和行动方案具体是什么？我们需要什么样的人才、装备及做事的流程？团队成员对目标及实现目标的行动方案是否达成了共识？目标是否层层分解到组织和个人？每一位团队成员的日常行动是否对目标实现有推动和累积作用？团队成员是否愿意往前走或者我们怎样激励他们往前走？这些都需要思考并付诸行动。

BLM 模型对企业战略制定和执行的价值主要体现在六个方面：

- 同一种语言；

- 最基本的方法；

- 逻辑的力量；

- 共同的目标；

- 执行的跟踪；

- 自上而下实施。

## 运用 BLM 的基本原则

在 BLM 应用于企业战略管理实践的过程中，需要始终遵循下面的基本原则：

第一，战略是不能被授权的，一把手必须亲自领导战略制定、解码、执行及复盘的全过程。

第二，战略必须以差距（包括业绩差距、机会差距）为起点和导向，并集中力量解决关键问题。

第三，战略一定要与执行紧密结合，重在结果，强化闭环和持续改进。

第四，战略管理是持续不断、周而复始的组织行为。

## ⊕ 领导力是根本

华为从 IBM 引进 BLM，经过自身的战略管理变革实践，在原先的模型上部增加了领导力模块，在下部增加了价值观模块。

BLM 模型的最上面是领导力。BLM 模型认为领导力是引擎，是根本，贯穿战略制定与执行的全过程。

公司的转型和发展归根结底是由企业的卓越领导力来驱动并取得成效的。彼得·圣吉曾说：领导力就是人类组织塑造未来的能力。克劳塞维茨所著《战争论》中有一句很著名的话："要在茫茫的黑暗中，发出生命的微光，带领队伍走向胜利。"任正非借此阐述领导者的价值：战争打到一塌糊涂的时候，高级将领的作用是什么？就是要在看不清的茫茫黑暗中，让自己发出微光，带着你的队伍前进。就像希腊神话中的丹科一样把心拿出来燃烧，照亮后人前进的道路。

事实上，领导力并不是组织赋予的权力，而更多是检视领导者能否带领大家对公司未来发展的战略问题进行识别，能否带领大家不断解决问题，对事物形成深入的洞察和剖析，等等。它最终要求领导者有推动整个公司战略转型的能力。

华为在发展历程中沉淀出一句话：烧不死的鸟是凤凰！非常形象地说明了卓越不凡的领导者就好比在逆境中腾空而起的凤凰，经过一番脱胎换骨的历练之后，变得比以前更坚强、更矢志不渝。

因此，BLM 模型认为，战略是不能被授权的，领导力必须贯穿全过程。在战略制定、战略解码、战略执行与战略复盘的全过程中，各层级管理者都要亲自领导和参与。

BLM 模型要求各层级领导不能被日常事务缠住，要投入时间进行战略思考，战略不能变成战略部的事情。领导要给出战略方向的指引，明确要解决的关键问题和矛盾的优先级，同时，领导要培育出一种激励人心的氛围，要鼓励专家和各业务部门的战略思考。

## ⊕ 价值观是基础

BLM 模型的最下面是价值观。BLM 模型认为价值观是基础。

在企业管理实践中，有不少公司和管理者往往作出违背自己所宣称的价值观的行为，既有有意为之的成分，也与对价值观的认知和理解存在偏差有关。对于价值观的理解，最核心的两个问题是：第一，价值观到底是什么？第二，要解决的核心问题是什么？

价值观是企业领袖对企业愿景、使命、战略的取向作出的选择，是组织全体成员都接受的共同观念，是判断是非的标准，是调节行为的导向。

价值观要解决的核心问题是"什么是正确的"，而不是"谁是正确的"。在完成使命和达成愿景的过程中，核心价值观是所有行动任务的最高准则和依据。

价值观的统一是企业发展的基础。价值观的作用就是驱动员工在不被告知的情况下，能够凭借对价值观的理解做公司期望的事情——就像磁铁一样，使得成百上千的人在做很多没法定义、没法提前预测的事情时，呈现出来的行为的方向是公司期望和认同的。

公司价值观是全体人员决策与行动的基本准则。各级领导者要确保价值观反映在公司的战略上，要确保价值观是日常执行中的一部分。

华为引入 BLM 之后获得巨大成功，这和华为对核心价值观的认知和长期坚持有关。华为认为核心价值观之于企业，正如基因之于生物，合抱之木生于毫末，九层之台起于累土。

华为在核心价值观上坚定不移地寻找"同路人""同心人"。华为的核心价值观是"以客户为中心，以奋斗者为本，长期艰苦奋斗，坚持自我批判"，如果员工不认同，则不敢指望他会成为公司的同路人。同时，员工在与自己价值观不同的文化氛围中开展工作，也会很难受。与其这样，不如选择离开。

# ✛ 结构化分析两种差距：业绩差距和机会差距

战略是由不满意激发的，不满意是对现状和期望业绩之间差距的一种感知。差距是激发战略思考并促成改变的根本动因。战略在于识别关键问题并解决问题。

无论组织还是个人，真正想要改变都是源于对现状的不满。任正非反复告诫员工要保持危机感，激发团队紧迫感，长期坚持艰苦奋斗：华为没有成功，只是还没有失败。

BLM 模型将差距分析放在端到端战略管理的第一个环节。差距分析既是战略管理的起点，又是战略管理的终点。BLM 模型要求各级管理者均要直面差距，持续寻找差距，以识别并解决差距为目标。这也是贯彻从战略到执行的一致性逻辑思考。

## 业绩差距和机会差距的定义

在 BLM 模型中，有两种差距类型：业绩差距和机会差距。

业绩差距是现有经营结果和上一周期确定的期望值之间差距的一种量化的陈述。业绩差距往往指存在市场机会，但是因为企业没有做好，导致绩效结果和原先制定的目标之间形成了差距。

例如，在国内的年轻时尚目标市场中，实际上只完成了销售收入90亿元，而制定的销售收入目标是 100 亿元，那么，销售收入的业绩差距是 10 亿元。

业绩差距常常可以通过高效的执行弥补，并且不需要改变业务设计。对业务主管的基本要求是，在述职汇报中，需要将业绩差距的主要问题及根本原因讲清楚，并且提出高效的有针对性的解决方案。试想，如果业务主管看不到自己所负责领域存在的主要问题，他不应该下岗吗？

机会差距是现有经营结果和新的业务设计所能带来的经营结果之间差距的一种量化的评估。机会差距往往指不在上一周期的战略规划与战略目标范围里，但是如果现在考虑进入的话，可能会带来新的机会。抓住一个新的市场机会，往往需要新的业务设计。

例如，小米手机自 2011 年开始，以线上市场起家，取得巨大的成功。但是，手机零售有 80% ～ 90% 的份额在线下，这是小米在 2016 年以前很少触及的。雷军说："我们在过去几年里专注于电商，但是有一个天大的缺陷，电商只占商品零售总额的 10%，到今天为止，90% 的人买东西还是在线下。过去几年，我们最痛苦的是如何高效率做线下。"因此，如何高效、快速地进军线下市场对当年的小米手机而言，就是机会差距。

## 为什么要区分业绩差距和机会差距？

为什么要区分业绩差距和机会差距？这两种差距分析对战略评估有什么启示？

当业绩差距产生之后，由于组织文化氛围、跨部门协作和干部管理等因素，需要警惕很多企业管理者倾向于将自身责任"甩锅"给他人或外部环境，人们最容易为自身失败寻找借口，认为自己已经"全力以赴"了。任正非要求华为干部在自我批判中做到"三讲三不讲"：讲自己，不讲别人；讲主观，不讲客观；讲问题，不讲成绩。

很多企业的领导者也喜欢找"风口"机会。在基础业务取得初步的市场成功之后，马上转向新的市场机会，但是新的市场往往因为挑战和风险比较大、组织没有足够的能力及资源优势而难以取得重大突破和成效。与此同时，资源的分散也影响了企业原有的基础业务的发展。

任正非曾说过，企业最大的战略就是活下去。企业为了生存下去，必须有一块坚不可摧的根据地——"打不死的小强"业务。当企业还没有一个"打不死的小强"业务，就很难形成规模的营业收入和获取利润及现金流——无法形成自身造血的机制，这也就意味着新的"风口"机会的成功率非常低。因为开发新的市场机会，需要新的资源投入。通过引入外部风险投资对新的市场机会不断"烧钱"，这种模式不可持续。而"打不死的小强"业务是企业经过激烈的市场竞争之后形成核心竞争力的重要体现。

在分析业绩差距的过程中，找出执行不到位、存在绩效缺陷的环节，并持续改进优化，也是企业持续构建与市场和竞争挑战相匹配的组织能力体系的过程。

一般而言，业绩差距是企业当下现有业务存在的明显的、典型的问题，而机会差距往往是隐性的，需要企业展望未来来思考不足。在面对机会差距的时候，面向未来更高的目标，寻找新的市场机会，思考如何进行新的突破。企业最大的差距是看不到自己差在哪里，这就是机会差距，机会差距是最大的差距。这时刻提醒企业的经营者：就算在现有业务上已经取得了巨大成绩，也别沾沾自喜。需要警惕现在带给企业80%贡献的业务，在未来可能只贡献20%，甚至成为企业的沉重负担。

最典型的案例就是诺基亚手机。诺基亚当年对智能手机的机会差距洞察不足，错失战略转型的机会窗口。当苹果公司2007年推出第一代智能手机产品时，作为全球手机市场的超级巨头，诺基亚占据着高达49%的市场份额，有着非常健康的现金流，并且因为产品质量过硬而拥有超高的用户口碑。但之后的市场竞争结果大家都熟悉，短短五年间，诺基亚的市场份额从49%一路跌到5%。当时的诺基亚高层，没有人真正愿意面对市场趋势，审视机会差距，更没有制定正确的应对策略。

## 以差距为导向进行根因分析，集中力量解决关键业务问题

企业需要深入分析造成差距的根本原因，明确缩小差距的责任人，并且采取有针对性的解决方案。

怎样分析业绩差距？需要采用量化表述，将实际业绩和预先设定的目标对比，找到差距，并进行一系列原因分析，找出缩小差距的方法。

如果企业具有相对成熟的组织绩效管理体系（如平衡计分卡 KPI 体系等），可按照组织绩效管理体系，进行例行化监控和管理。一般可以基于经营结果（即平衡计分卡的四个维度：财务、客户、内部运作及学

习与成长），寻找和分析业绩差距。

如果还没有的话，请参考本书第五章介绍的组织绩效管理方法来构建组织关键绩效指标 KPI 体系。

怎样分析机会差距？面向未来，对照标杆比较，在实现愿景、战略目标或对潜在的客户价值的交付过程中有哪些障碍。那些抱着"小富即安"心态的企业家和管理者往往看不到企业的机会差距，更谈不上深入分析了。

那么，机会差距是从哪里来的呢？机会差距是建立在市场洞察的基础上，面向未来及使命愿景，面对同行 / 跨界标杆比较，实现对客户价值的交付。识别机会差距，可以从客户 / 市场未来期望、未来的战略意图、业界标杆入手。

具体分析以下方面：

一是未被满足的市场需求 / 客户需求。例如，某个大客户在可预见的未来有一笔很大的投资预算，但是我们没有相应的产品和解决方案。在这种情况下，如果我们有能力从无到有补齐新的产品线，并且能够匹配客户的需求及招投标节奏，就能够抓住这个市场机会。这个未被我们满足的客户需求及市场空间，对我们而言就是机会差距。

二是同行 / 跨界标杆。不仅要对标同行标杆，更要超越行业，对标其他行业的标杆；不仅要对标一个标杆，更要对标多个标杆；不仅要对标标杆的一个方面，更要对标多个方面。总之，企业不应夜郎自大，要善于对标，善于"折腾"自己，持续改进和超越。

华为手机自 2011 年开始，在从给运营商贴牌生产手机模式（B2B）

向自主品牌模式（B2C）转型的过程中，向小米手机学习线上销售模式，向OPPO、vivo手机学习线下销售模式（含卖点设计、零售末端等）。通过对标，找出关键差距；通过优化业务流程，调整组织、岗位、人才、激励措施等来匹配业务战略需要。例如，同行标杆企业已经构建成熟的线下渠道及销售体系，而我们公司专注于线上销售，缺乏渠道发展计划，没有设置专职的渠道管理人员，并且缺乏渠道建立措施等，有鉴于此，应该输出针对性的解决方案并落实。

三是企业使命、愿景和目标。例如，公司已经很好地完成上一年度目标50亿元，未来一年的战略规划要向百亿元目标迈进，那么我们需要寻找更大、更多的市场机会来支撑和实现新目标。卓越的企业家非常擅长"饼形思维"，使用"使命、愿景、目标与现实的缺口"激发全体员工的"创造性爆发力"。任正非就是这样的企业家。早在1994年，任正非在一次内部讲话上说："十年之后，世界通信行业三分天下，华为有其一。"

正是在"三分天下有其一"的愿景牵引下，华为创造了历史上的两次反周期成长。任正非2008年在PSST体系干部大会上讲：所谓反周期成长，就是经济大形势下滑时加速成长。2000年后一段时间，我们内外交困，濒临崩溃。按正常逻辑，这时候应该收手，休整队伍，巩固好根据地，以便下次再来。但我们是反周期成长，加大投入，因此等经济危机一过，友商就看到旁边站着个人，个子虽然有点矮，鼻子也低，看着还是长大了。通过第一个反周期成长，我们站在世界舞台上了。现在第二个反周期成长，能达到什么目标很难说，但我们至少应该有几个定价权吧。

面向未来，企业的使命、愿景及战略目标往往能够吸引和留住"同心人"，更能在企业转型的关键时期，激发干部面对困难挑战的雄心斗志，激发组织活力，促使企业转型成功。

推荐采用关键成功因素分析法（鱼骨图法）和 5Why 分析法，深挖造成差距的根本原因，再制定相对应的解决方案并实施。平衡计分卡也是进行结构化的根因分析的重要工具，读者可参考第四章第四节的相关内容。

关键成功因素分析法（鱼骨图法）是一个非定量的工具，可以帮助我们找出引起问题的潜在的根本原因。鱼骨图让我们反思问题为什么会发生，促使团队聚焦于问题的原因，而不是问题的症状。鱼骨图能够让团队集中于问题的实质内容，而不是问题的历史或不同的个人观点。通过鱼骨图辨识导致问题的所有原因，分析各原因之间的相互关系，从中找到根本原因。

5Why 分析法，又称 5 问法，也就是对一个问题点不断询问若干次为什么，找到问题发生的完整链条，找出根本原因。

虽然叫作"5Why 分析法"，但使用时不限定只做 5 次为什么的探讨，而是必须找到根本原因为止，有时可能只要 3 次，有时也许要 10 次，打破砂锅问到底。5Why 分析法的关键所在：鼓励解决问题的人努力避开主观或自负的假设和逻辑陷阱，从结果着手，沿着因果关系链条，顺藤摸瓜，直至找出问题的根本原因。

丰田汽车公司前副社长大野耐一曾举了一个例子来找出停机的真正

原因。

　　★问题一：为什么机器停了？

　　答案：因为机器超载，保险丝烧断了。

　　★问题二：为什么机器会超载？

　　答案：因为轴承的润滑不足。

　　★问题三：为什么轴承会润滑不足？

　　答案：因为润滑泵失灵了。

　　★问题四：为什么润滑泵会失灵？

　　答案：因为它的轮轴耗损了。

　　★问题五：为什么润滑泵的轮轴会耗损？

　　答案：因为杂质跑到里面去了。

　　经过连续 5 次不停地问为什么，终于找到问题的真正原因和解决的方法，在润滑泵上加装滤网。如果没有以这种追根究底的精神来发掘问题，很可能只是换根保险丝草草了事，真正的问题还是没有解决。

　　根本原因需要采用系统性思维深入探究，往往向内归因，是"关键的少数"。根本原因的关键特征是：可以阻止问题再次发生，有助于实现目标，而且便于实施者执行。

　　笔者常常推荐企业使用 5Why 分析法结合平衡计分卡或 BLM 模型的"战略设计"和"执行设计"两个部分进行差距的根因分析。通过下面的例子予以说明。

　　★问题一：为什么在过去的两年中，公司没能抓住在新兴市场中价值 10 亿元的收入机会（问题）？

答案：因为我们不太清楚市场的走向。

★问题二：为什么我们不太清楚市场的走向（市场洞察）？

答案：因为我们没有做市场调查所需的技能和能力。

★问题三：为什么我们没有做市场调查所需的技能和能力（正式组织 / 人才）？

答案：因为我们的组织机构中没有专门为市场调查而准备的资源。

通过差距描述和根因分析，能够透过重重迷雾，追本溯源，抓住主要矛盾，采取有针对性的措施，收到四两拨千斤的功效。差距分析模板如表 3-1 所示。

表 3-1　差距分析模板

| 序号 | 差距类别 | 差距指标 | 指标定义 | 差距描述 | 目标 | 形成差距的主要原因 | 负责人 |
|------|----------|----------|----------|----------|------|--------------------|--------|
|      |          |          |          |          |      |                    |        |
|      |          |          |          |          |      |                    |        |
|      |          |          |          |          |      |                    |        |
|      |          |          |          |          |      |                    |        |

# ⊕ 市场洞察

在 BLM 模型中，战略设计部分有四个模块：市场洞察、战略意图、创新焦点和业务设计。

很多公司在战略设计中存在市场洞察严重不足的情况，没有科学的洞察方法和工具，缺少信息和数据，在市场洞察上花费的时间和精力不够，未能洞察价值转移趋势，没有洞察结论，未识别哪些是真正的机会，哪些是风险和威胁。那么，就会出现这样的结局：没有洞察，就没有方向；没有方向，就没有思想；没有思想，就没有理论；没有理论，就没有战略。同样，战略制定就会出现方向性偏差，难以做到"方向大致正确"。

企业需要洞察市场正在发生什么，以及这些改变对公司来说意味着什么。市场洞察的目的是分析和判断外部市场的动向和价值转移趋势，以及由此带来的机会和威胁，再结合对自身能力的客观认识，分析和识别细分市场，从中找到自己的目标市场和战略机会点。

美国学者斯莱沃茨基（A. J. Slywotzky）提出了价值转移理论和利润区理论。利润区是指为公司带来高额利润的经济活动领域。这种利润不是平均利润，不是周期变化的利润，也不是短期的利润。在利润区，持续的和高额的利润将为公司带来巨大的价值。市场洞察的目的之一是为企业识别出价值转移趋势。

要在战略制定之前进行深刻的市场洞察，只有行业专家才有能力完成。华为在市场洞察上有一套方法论，称为"五看"：看趋势、看市场 / 客户、看竞争、看自己、看机会，如图 3-2 所示。

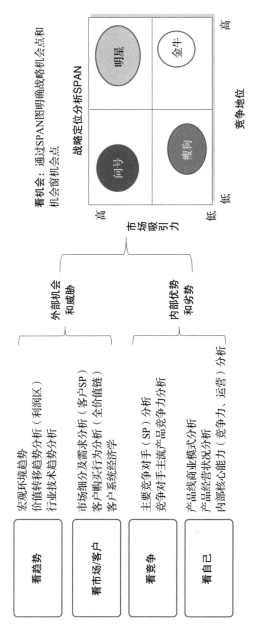

图 3 – 2  市场洞察 "五看" 的逻辑框架

## 看趋势

什么是趋势？趋势是坚定而缓慢的变化。例如，功能手机取代固定电话，智能手机取代功能手机，微信 / 手机 QQ 代替手机短信。受中美贸易政策的影响，国产化将是未来坚定而持续的进程。一般而言，每一个行业或每一种业务在 10 ～ 30 年周期内会发生至少一次剧烈的产业变革。

趋势的威力非常强大，每一家企业只能积极拥抱趋势，自身变革顺应趋势。例如，诺基亚前 CEO 约玛·奥利拉在记者招待会上公布同意微软收购时，最后说了一句话：我们并没有做错什么，但不知为什么，我们输了。相信每个人听到这句话之后，油然而生一种莫名的悲凉。诺基亚手机的失败是因为产业变了，苹果手机和安卓手机从不同的赛道打败了诺基亚。

看趋势，就是要深入理解行业和洞察行业的演进，通俗地说就是"看大势"，主要内容是宏观环境分析和行业环境分析。

宏观环境是指影响一切行业和企业的各种宏观力量。宏观环境分析主要采用的方法是 PEST[①]，从宏观的角度洞察和判断国家层面的政治、经济、社会、技术等方面的变化与发展趋势，进而分析这些趋势将会给行业带来什么样的影响与变化。

PEST 分析框架的主要内容如下：

政治环境是指对组织经营活动具有实际与潜在影响的政治力量和有

---

① PEST 是政治（Politics）、经济（Economy）、社会（Society）和技术（Technology）的英文首字母的组合。

关的法律法规等因素。包括一个国家的社会制度，执政党的性质，政府的方针、政策、法令等，还包括政府制定的对企业经营具有约束力的法律法规。

经济环境主要包括宏观和微观两个方面的内容。宏观经济环境主要指一个国家的人口数量及其增长趋势，国民收入、国民生产总值及其变化情况以及通过这些指标能够反映的国民经济发展水平和发展速度。微观经济环境主要指企业所在地区或所服务地区的消费者的收入水平、消费偏好、储蓄情况、就业程度等因素。这些因素直接决定着企业目前及未来的市场大小。

社会环境包括一个国家或地区的居民受教育程度和文化水平、宗教信仰、风俗习惯、审美观点、价值观念等。文化水平会影响居民的需求层次；宗教信仰和风俗习惯会禁止或抵制某些活动；价值观念会影响居民对组织目标、组织活动以及组织存在本身的认可与否；审美观点则会影响人们对组织活动内容、活动方式以及活动成果的态度。

例如，截至 2019 年底，中国 60 周岁及以上人口有 2.54 亿，占总人口的 18.1%。根据联合国给出的标准，当一国 60 岁及以上人口比例超过 20%，则认为该国进入中度老龄化社会。民政部预测，2025 年我国将迈入中度老龄化社会。另外，中国的人口流动有一个非常明显的特征，就是聚集效应，人口不断向一些中心城市聚集。这些因素让中国的社会结构产生了很大的变化。正是因为有这些变化，社会的刚需也随之发生改变，这里面蕴含着老龄化产业的战略机会。

　　技术环境不仅包括发明，还包括与企业市场有关的新技术、新工艺、新材料的出现和发展趋势以及应用背景。技术环境除了要考察与企业所处领域的活动直接相关的技术手段的发展变化，还应及时了解：国家对科技开发的投资和支持重点；该领域技术发展动态和研究开发费用总额；技术转移和技术商品化速度；专利及其保护情况；等等。科学技术不仅是全球化的驱动力，也是企业的竞争优势所在。未来对市场环境产生很大影响的技术，如云计算、大数据及人工智能等，不仅对各行业的技术进步起作用，甚至影响了整个行业的形态。

　　随着宏观环境的日益变化，宏观环境分析工具的要素不断增加或从原来的要素中分离出专项独立要素，从原来 PEST 延伸到现在的 PESTLIED①。因此，企业根据行业特点、自身战略规划特点和经营需求，对宏观环境要素分析的具体内容会有所差异和侧重。

　　宏观环境分析的目的是帮助企业依托宏观势能（如新政策的出台）来调整业务方向（加速新业务的发展或退出停滞且未来会消失的业务），实现企业业务在宏观环境及中观产业中生存和发展。同时，企业业务在一定程度上又必须反哺产业和宏观环境。正如哈耶克（Hayek）所说，"正是基于表面利己的商业，我们才能做到最好地服务于他人，服务于全社会的共同利益，商业，才是最大的公益"。

　　进行 PESTLIED 分析，识别出宏观环境对企业的影响、明确要求

---

　　① L 指法律（Legal），I 指国际（International），E 指环境（Environmental），D 指人口（Demographic）。

及风险点。2020 年发生的一系列长租公寓爆雷事件，说明了这一点的重要性。

租户和公寓租赁中介平台签订的租金贷是一项小额消费贷款，中介平台利用租赁合同申请贷款。从表面看，租金贷对租户有好处：租户工作尚不稳定，利用贷款正好可以缓解经济压力。对中介平台来说，可以利用信贷扩张，利用金融赚预期的钱。但是，其本质是中介平台利用租户的个人信用，扩张平台的信贷，给自己持续"输血"，进而实施所谓的"高收低租"的"创新模式"，在业务拓展初期实现规模扩张。

租金贷早在 2018 年就被勒令监管整治，使用租金贷的租客占比不得超过 30%。但在 2019 年，有些长租公寓使用租金贷的租客占比高达 65% 以上，远远超出监管要求的比例上限。

长租公寓爆雷之后，人们终于发现：资金被中介平台占用，风险由租户承担，而且房产业主、平台的供应商和员工都被拖欠支付款项。最终，长租公寓畸形的业务设计引发了社会群体事件，导致更加严格的租金监管法律法规出台。

行业环境分析主要有三个方面的内容：行业吸引力（本行业及邻近行业）、行业竞争性及行业关键成功因素。

行业吸引力分析的重点有：行业有哪些变化，包括行业集中度是怎样的？行业的价值链发生了什么变化，行业的高价值区是否已经不同？市场的规模和未来的增长预期如何？邻近的行业增长率是多少，对本行业有何影响？整个产业未来的技术发展趋势是怎样的？从行业趋势的角度看，新出台了哪些与行业相关的政策？

　　行业关键成功因素分析主要关注各要素对行业竞争的重要性以及本企业的拥有程度。通过将各因素根据两维指标在矩阵中定位，可以直观地分析出企业对关键因素的拥有程度。

　　企业应将其核心能力构建在行业关键成功因素上。企业资源投入应从拥有程度高但本身重要性不高的那些因素中转移出来，投到那些目前拥有程度低但对行业竞争成功意义重大的那些因素中去。

　　通过宏观环境和行业环境的分析，让企业持续关注外部环境的结构性因素的动态变化，时刻洞察市场价值转移趋势。笔者在管理咨询项目中，常常建议市场洞察责任部门输出宏观环境和行业环境对新的战略机会、市场规模、市场增长 / 衰落速度、市场利润变化、市场集中度、生命周期阶段、新的商业模式、新的技术革命、关键成功因素等要素TOP10 的具体影响。

　　看趋势，需要清晰地回答下面一系列的问题：

- 市场正在发生的重大变化有哪些？
- 产业政策有哪些重大的改变？对企业的影响是怎样的？
- 产业格局的变化带给我们的影响、机遇和挑战有哪些？
- 整体市场空间（行业整体趋势、外部环境的影响、产业链特征及变化趋势）有多大？增长率是多少？利润将发生什么样的变化？
- 新技术的发展趋势及变化是怎样的？
- 本企业可参与的市场空间有多大？
- …………

## 看市场 / 客户

看市场 / 客户是在识别价值转移趋势之后，分析价值转移趋势对目标细分市场和客户偏好变化的影响，找到战略机会点（即市场机会）。看市场 / 客户通过分析市场空间、市场增长、销售模式及渠道变化趋势等情况，以及分析客户完整的采购行为，进行客户群分类，寻找高价值的细分市场（客户群），进而研究这些客户的痛点及需求。

看市场，主要通过市场地图来审视客户购买的逻辑。不是从厂家"卖方"的立场出发，更多是站在客户"买方"的视角来识别市场机会：客户是怎样购买我们的产品及服务的？在客户中是谁决策购买的？需要经过哪些环节？购买哪些产品及服务？这些是在市场分析和业务规划中必须洞察和澄清的重点内容，也是后续产品上市后营销推广和销售的重要输入内容。

如前所述，市场洞察"五看"分别是看趋势、看市场 / 客户、看竞争、看自己、看机会。有人可能会提出质疑：当前企业不可能"单打独斗"就成功，企业之间基于生态链的协作发展尤为重要，为什么"五看"中没有"看合作伙伴"？笔者认为，这样的思路是非常有价值的，"五看"只是一个高度概括的说法，"五看"里面的细节内容、逻辑关系及其实战经验技巧更为重要。另外，我们也可以视企业自身需要，将"五看"扩展为"六看""七看"……

"看合作伙伴"可以放入"看市场 / 客户"中，例如，销售渠道是企业极其重要的合作伙伴。企业需要洞察触达客户的渠道有哪些变化，哪种中间渠道（可能）很重要，哪些渠道注定会成为或继续作为竞争对手。

在一些行业，在特定的时期，"得渠道者得天下""流量为王"。在"中华酷联"（中兴、华为、酷派、联想）的黄金时期，中国几乎没有手机销售网络渠道，超过70%的手机由运营商卖出。运营商向手机厂商提出设计要求，并提供大量补贴，甚至承销。手机厂商一旦进入运营商合作体系，几乎是躺着赚钱，根本不需要考虑消费者喜欢什么样的手机，更不需要绞尽脑汁优化用户体验。

2014年初，中国移动在一个供需沟通会议上向产业链传达了对4G手机的换代需求。一是3G手机即将走到尽头，将从当年6月开始加大对4G手机的扶持补贴力度；二是不仅缩减补贴总额，补贴方式也从此前的补贴厂商改为补贴渠道。

2014年，中国智能手机市场的渠道结构骤变为运营商渠道40%、线下公开渠道35%、网络渠道25%。

华为手机业务正是洞察出手机销售渠道变化的趋势，下定决心进行业务转型，最终突破重围得以生存和发展，而其他三家手机厂家却从辉煌走向了衰落。

**对客户细分，找出高价值的细分市场**

市场细分是将一个市场中的客户或潜在客户划分成不同组别或细分市场，这些组别或细分市场的客户具有相同或相似的需求，可以由明确的产品和营销组合来满足。市场细分是输出战略机会点的前提，也是制定有效业务战略的基础，对业务设计和产品创新的成功至关重要。

市场细分有多种方法，每种方法各有优劣。笔者认为深入理解市场细分的基本原理非常关键。市场分析的基本原理是，至少从谁购买（Who）、购买什么（What）、为什么购买（Why）三个维度进行分析。由于客户特征的多样性、需求的复杂化和商业模式的可行性，现实中的市场细分比较复杂，同时面临非常多的挑战。因此，企业需要根据优秀实践、行业特点和客户特征不断总结经验教训。

学习优秀的市场细分案例，深入解剖关键成功因素，也是一种非常有价值和高效的方法。下面通过华为手机的市场细分案例予以说明。

华为手机业务面向的消费者非常广泛。年轻人、中老年人、职场白领、在校学生、重度依赖移动互联网的用户、偶尔使用手机的人等等，都是华为手机要覆盖的用户。华为手机业务采用产品金字塔盈利模式，将各个层次和不同偏好的消费者尽收网中。

华为手机有华为和荣耀两大系列，而每个系列又进一步市场细分。其中，华为品牌所属的系列类别有：Mate 系列、P 系列、Nova 系列、畅享 / 麦芒系列。

华为 Mate 系列，是华为主打的高端商务和奢华系列旗舰级手机，主要面向商务人群，首发华为自家最新的麒麟处理器，加入了不少商务元素，如硬朗的设计风格、PC 模式、AI 智慧通信、注重安全等特性，消费人群以男性居多。拥有独特的保时捷 RS 限量款和具有前沿科技感的折叠屏 Mate Xs。Mate RS 保时捷版手机是与保时捷合作的系列产品，融合独特美学设计灵感，从里到外尽显奢华，定位最高、配置最强、价格最贵。

华为 P 系列，定位时尚旗舰，以出色的性能、强悍的拍照和惊艳的外观为特点，整体比 Mate 系列更加娇小，更加符合年轻用户群体的审美，尤其是注重颜值与拍照的女性用户，价格相比 Mate 系列要更便宜。

华为 Nova 系列，主打注重高颜值拍照的年轻时尚群体，中高端配置。代言人多是当红的"小鲜肉"。通过明星效应，提高曝光热度，主攻线下市场。

华为畅享 / 麦芒系列，主要是华为和运营商合作的定制系列，主打中低端市场，颜色靓丽，高性价比，物美价廉，算是入门级别的机型。

荣耀手机原来是华为旗下的科技潮牌①，目标客户群体是当代年轻人，主打潮流设计和极致性能。荣耀致力于打造全球年轻人最喜爱的科技潮品，以品质、创新和服务为年轻人带来极致科技体验，共创年轻潮流生活。品牌的愿景是创造一个属于年轻人的智慧新世界。荣耀品牌的系列类别有：V 系列、HONOR 系列、X 系列、Play 系列。

荣耀 V 系列，定位先锋科技，主打极致性能和体验，也是荣耀品牌的旗舰级手机。V 系列手机配置并不低于 HONOR 数字系列，屏幕更大，适合玩游戏和看视频的年轻消费者。此系列手机通常会携带研发的新技术，带来更多新体验。

荣耀 HONOR 系列，是荣耀品牌的旗舰级手机。定位是潮流先锋，主打高性价比，为追求潮流时尚的年轻群体设计。手机外观简约时尚，

---

① 2020 年 11 月 17 日，华为发表声明，整体出售荣耀业务资产。对于交割后的荣耀，华为不占有任何股份，也不参与经营管理与决策。

色彩炫酷。配置方面，新发布的机型通常采用麒麟最新处理器，除了强调手机的时尚感，更注重手机性能。

荣耀 X 系列，定位超能科技千元旗舰，拥有极致性价比，是千元手机中携带黑科技较多的手机。X 系列与 V 系列比较相似，只是价格降至千元档，采用的处理器、各方面性能相对 V 系列较低。

荣耀 Play 系列，主打游戏 GPU Turbo 技术，高低配置丰富，综合实力强，适合爱玩游戏的年轻群体。

不存在一种"唯一""绝对"的细分市场方法。经验、直觉、统计结果和常识判断，所有这些都可以用来决定市场细分，但市场基数、稳定性、可达性以及可行动性是基本衡量指标。获得一个好的、实用的细分市场，需要大量有关行业、消费者 / 用户、竞争对手、利润 / 成本的信息和数据。高质量的细分需要在对市场和客户需求充分调研的基础上，对客户需求的各种差异反复分析和理解，直到找到能充分区分需求差异又与自身能力相匹配的细分维度。例如，知识网红吴晓波认为自己是精英主义者，认为世界不需要很多人同时思考那么多问题。吴晓波对自己的目标市场进行精确的画像，如崇尚商业之美，乐于奉献共享，是精英主义者等。吴晓波认为能够服务好这几十万人群就非常不错了。

一个企业 / 产品线的业务可能覆盖一个以上的细分市场，而每个细分市场都有自己的特征及需求，所以有必要对不同细分市场进行定义，并理解不同细分市场的独特性。所定义的细分市场必须满足独特性、重要性、可衡量性、持久性和可识别性要求。因此，企业可以从以下五个方面验证细分市场。

- 独特性：该细分市场是否要求成本优势、高的资本投入、满足客户独特的需要，或者提供的产品要有足够的差异化。为了满足这些独特性，是否需要一定的进入门槛。

- 重要性：这个细分市场要能达到一定的规模，规模能产生足够利润来进行产品差异化、开展大型市场活动或提供售后服务。

- 可衡量性（市场颗粒度）：能够衡量这个细分市场的市场销量与增长率。

- 持久性：最基本的要求是细分市场的存在至少要能够持续到公司产生利润。

- 可识别性：能够通过在这个细分市场中目标明确的销售与宣传，高效覆盖各个独特的客户群体。

**客户需求分析**

看市场 / 客户需要解决的一个重要问题是：在目标细分市场中，客户有哪些特定的需求？

在这里，需要引入一个新的概念：产品包需求。

产品包需求是什么？产品包需求从市场 / 客户的角度，关注客户购买要素，是客户的购买决策标准，也是企业的业务赢得竞争、取得成功的关键成功因素。成功的产品包即实现和满足这些购买要素。从市场 / 客户的立场出发，常见的要素有：性能、价格、包装、License/RTU（使用权）、可用性、可扩展性 / 可升级性、功能、可获得性、可管理性、容量、可操作性、可服务性、应用、生命周期成本、客户环境、品牌形象、质量、稳定性、运行跟踪记录、交付提前期、售后服务、客户关系等。

产品包需求模型是基于对理想的产品包需求进行逻辑抽象，通过分类分层的方式进行表达。$APPEALS 是华为经常使用的产品包需求模型，共有八个方面的要素，如表 3-2 所示。

表 3-2 $APPEALS 八个要素的定义

| $APPEALS 要素 | 客户 $APPEALS 要素描述 |
|---|---|
| 价格（$） | 反映了客户为一个满意的产品／交付希望支付的价格。用这个标准来要求供应商时，要从实际和感觉这两方面来考虑客户能接受的购买价格。包括以下数据的评估：技术、低成本制造、物料、人力成本、制造费用、经验、自动化程度、简易性、可生产性等。 |
| 可获得性（A） | 描述了客户在容易和有效两方面的购买过程（例如：让客户有他自己的"方式"）。用这个标准来要求供应商时，要考虑整个购买过程的优秀程度，包括预售的技术支持和示范、购买渠道／供应商选择、交付时间、客户定制能力等。 |
| 包装（P） | 描述了期望的设计质量、性能和外观等视觉特征。用这个标准来要求供应商时，要考虑客户对外形、设计等的意见，还有这些属性对交付的需求的贡献程度。关于包装的考虑应该包括式样、模块性、集成性、结构、颜色、图形、工艺设计等方面。 |
| 性能（P） | 描述了这个交付期望的功能和特性。用这个标准来要求供应商时，要从实际和感觉这两方面来考虑期望的有关功能和特性的产品性能。产品工作得怎样？产品是否具备所有的必需的和理想的特性？它是否提供更高的性能？从客户角度来衡量，如速度、功率、容量等。 |
| 易用性（E） | 描述了交付的易用属性。用这个标准来要求供应商时，要考虑客户对产品在舒适、学习、文档、支持、人性化、显示、感觉的输入／输出、接口、直观性等方面的意见。 |
| 保证（A） | 通常反映在可靠性、安全和质量方面的需求，要求在产品设计中考虑并符合企业标准、行业标准和国家标准。 |

续表

| $APPEALS 要素 | 客户 $APPEALS 要素描述 |
|---|---|
| 生命周期成本（L） | 描述了所有者在使用的整个生命周期的成本。用这个要素来要求供应商时，要考虑安装成本、培训、服务、供应、能源效率、价值折旧、处理成本等。 |
| 社会接受程度（S） | 描述了影响购买决定的其他方面。用这个要素来要求供应商时，要考虑口头言论、第三方专家评价、顾问的报告和意见、形象、政府或行业的标准、法规、社会认可、法律关系、产品义务等对购买决定起了怎样的促进作用。 |

$APPEALS 模型的每一个要素（一级要素）都可以进一步细分为子要素（二级子要素），如表 3-3 所示。

表 3-3　$APPEALS 八个要素的二级子要素

| 价格（$） | 可获得性（A） | 包装（P） | 性能（P） |
|---|---|---|---|
| 受以下要素影响： <br> ● 设计 <br> ● 可生产性 <br> ● 技术 <br> ● 原材料 <br> ● 生产 <br> ● 供应商 <br> ● 制造 <br> ● 元件 <br> ● 人力成本 <br> ● 管理费用 <br> ● 装备 | 反映客户何时、何地需要，如何需要： <br> ● 行销 <br> ● 销售 <br> ● 渠道 <br> ● 分配 <br> ● 交货期 <br> ● 广告 <br> ● 配置 <br> ● 定价 <br> ● 客户定制 | 反映物理形式、几何特性，客户看到的是什么： <br> ● 风格 <br> ● 尺寸、数量 <br> ● 几何设计 <br> ● 模块性 <br> ● 体系结构 <br> ● 界面 <br> ● 机械结构 <br> ● 图形 <br> ● 标识 <br> ● 内外部包装 | 反映产品如何表现预期功能： <br> ● 功能 <br> ● 规格 <br> ● 功率 <br> ● 速度 <br> ● 容量 <br> ● 适应性 <br> ● 多功能 |
| 易用性（E） | 保证（A） | 生命周期成本（L） | 社会接受程度（S） |
| 要考虑所有的使用者、购买者、操作者、分销商： <br> ● 用户友好 <br> ● 操纵控制 | 在可预测情况下确定性能： <br> ● 可靠性 <br> ● 质量 <br> ● 安全性 | 生命周期成本是一项功能： <br> ● 寿命 <br> ● 运行/停工时间 <br> ● 保险 | 影响用户购买的外在要素： <br> ● 间接影响 <br> ● 顾问 <br> ● 采购代理商 |

续表

| 易用性（E） | 保证（A） | 生命周期成本（L） | 社会接受程度（S） |
|---|---|---|---|
| ● 显示 | ● 误差极限 | ● 责任 | ● 标准组织 |
| ● 人类工程学 | ● 完整性 | ● 可维护性 | ● 政府 |
| ● 培训 | ● 强度 | ● 服务 | ● 社会认可度 |
| ● 文档 | ● 适应性 | ● 备件 | ● 法律关系 |
| ● 帮助系统 | ● 动态特性 | ● 移植通道 | ● 政治 |
| ● 人为因素 | ● 负荷量 | ● 标准化 | ● 股东 |
| ● 接口 | ● 冗余 | ● 基础设施 | ● 管理层 |
| ● 操作 | | ● 运转成本 | ● 工人、工作场所 |
| | | ● 安装成本 | |

$APPEALS 模型分层分级明确需求，完整覆盖，减少需求的遗漏，突出重点。$APPEALS 模型为企业提供了"完全穷尽、相互独立"的要素，使得企业打开了市场需求洞察和研究的众多视角。$APPEALS 模型帮助企业统一需求管理的语言，用共同认可的方式进行包需求的准确描述，可跟踪，有助于提升协同效率。同时，基于不同类别设置不同角色进行重点关注，体现了专业性。

当然，并不是每个企业、所有产品都适合使用 $APPEALS 八个要素进行需求分类，企业必须根据行业特性、产品特点、目标客户群属性等进行深度的适配和调整。

$APPEALS 模型是需求管理工作的基础，应用非常广泛。根据 $APPEALS 模型可以设计定制化的需求调查问卷，避免需求调查人员遗漏部分内容，也可以引导设计有深度的内容。在需求分析阶段，$APPEALS 模型也是非常实用的需求分类工具。

看市场 / 客户，必须清晰地回答下面一系列问题：

- 这个市场上有哪些机会？哪些客户群的需求没有得到满足？是否存在新的客户群？哪些客户群是竞争对手服务不到位的？

- 可以通过哪些细分标准将客户进行分类？

- 客户在未来五年的发展战略方向是什么？在客户的发展战略当中存在哪些痛点？

- 客户面临的压力和挑战有哪些？哪些 KPI 跟公司有关，可以帮助客户改善？

- 客户的组织和流程（决策及采购）会有大的变化吗？促使客户作出购买决定的关键因素是什么？

…………

## 看竞争

看竞争，就是进行竞争分析，包含但不限于竞品分析。竞争分析的目的最终还是要站在市场 / 客户的立场思考对各个供应商的评价及价值诉求，聚焦于市场 / 客户的需求以制定我们赢得市场的策略和解决方案，避免被竞争对手拖进泥潭。

推荐采用波特五力模型进行竞争分析。波特五力模型是迈克尔·波特（Michael Porter）于 20 世纪 80 年代初提出的。他认为行业中存在着决定竞争规模和激烈程度的五种力量，这五种力量综合起来影响着产业的吸引力以及现有企业的竞争战略决策。这五种力量分别为同行业现有竞争者的竞争能力、潜在竞争者的威胁、替代品的威胁、卖方的议价能力与买方的议价能力，如图 3-3 所示。

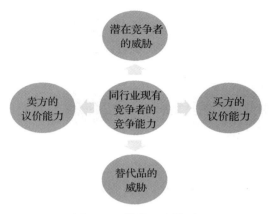

图 3 - 3　波特五力模型

卖方的议价能力是指卖方（供应商）主要通过提高投入要素价格与降低单位价值质量的能力，来影响行业中现有企业的盈利能力与产品竞争力。在受到美国政府的制裁之后，国内 ICT 企业很多业务受困于"缺芯少魂"，这种困扰也体现出芯片、操作系统等供应商掌握了产业的话语权。

买方的议价能力是指购买者主要通过压价与要求提供较高的产品或服务质量的能力，来影响行业中现有企业的盈利能力。

对于同行业现有竞争者，建议分成主要竞争对手和一般竞争对手，全方位分析主要竞争对手，做到最大限度的"知彼"。分析的要素包括但不限于竞争对手的利润、市场份额及变化趋势、产品系列、产品质量、新产品上市计划、客户关系（营销网络）、成本价格、市场增长策略、财务安全、供应链、产能、生态与合作、核心控制点及商业模式、组织结构、激励体系及措施、人才及文化氛围、投资并购、问题风险等。

对于潜在竞争者，要关注对手的势能。对手的势能一般指竞争对手和我们之间的相对规模、在客户界面的优势、战略控制点等。

潜在竞争者（新进入者）的威胁。新进入者在给行业带来新生产能力、新资源的同时，希望在已被现有企业瓜分完的市场中赢得一席之地，这就有可能会与现有企业发生原材料与市场份额的竞争，最终导致行业中现有企业盈利水平降低，严重的话还有可能危及这些企业的生存。如前面所述，因为华为手机海外用户受到禁用谷歌 GMS 服务的影响，华为决定向全球推出华为移动服务（HMS），在华为智能手机上将 GMS 替换为 HMS，同时发布自己的应用商店 AppGallery，推出鸿蒙操作系统。"天下苦苹果 iOS 操作系统和谷歌安卓操作系统久矣"，华为从 2007 年开始帮助安卓走向成功，那自己的操作系统有什么理由不成功呢？（华为轮值 CEO 郭平语）这一系列事件对谷歌而言是非常严重的威胁。

替代品的威胁。因为行业边界越来越模糊，替代品的威胁在竞争分析中越来越受到重视。替代品的威胁往往来自本行业之外。面对这样的"跨界打劫"，原行业 / 原有企业 / 原有产品根本没有还击之力，只能眼睁睁看着市场规模和收入不断萎缩并最终消失。例如，手机短信因为微信等移动互联网即时通信应用程序的兴起而被替代。和现金交易强相关的银行营业网点、柜台服务及 ATM（自动存取款机）等业务，因为支付宝支付、微信支付等移动支付商业模式的蓬勃发展而走向衰落。

在剥离荣耀手机业务之后，业界一度猜测华为是否会完全出售手机业务。后来任正非明确表示："华为公司未来可以转让 5G 技术，但是永远不会再出售终端业务。"华为消费者业务负责人余承东更是重申，华为未来五到十年的全场景智慧生活的战略计划是"1+8+N"[1]。可想而知，手机是华为全场景智慧生活战略最关键的终端入口，也是底座。

在各大手机厂商倾力打造自己的 IoT 生态时，家电企业不得不遵守其制定的 IoT 协议，沦为产品定制方的角色。为了摆脱这种局面，越来越多的家电企业开始打造自己的手机、IoT 平台和 App 等业务，例如格力的大松手机、格力 + 等。

此外，手机厂家还进入智能家居 / 家电业务，直接威胁到家电企业现有主营业务的安全。小米在 2019 年成立了大家电事业部，开拓空调、冰箱、洗衣机等大家电品类，与以空调为主营业务的格力直接正面竞争。

笔者要提醒的是，竞争分析要做到"三不要三要"：不要只是简单地收集信息，要深入分析可能的变化，快速响应，提出应对策略、措施；不要仅仅关注竞争对手的表面现象，要从解决方案、产品策略、人力策略发现问题，提出应对策略；不要仅看到竞争对手已发生的行为，要通过相关经验、数据积累、分析看到竞争对手未来可能采取的措施。

---

① 华为"1+8+N"全场景智慧生活战略："1"指核心产品智能手机；"8"指平板、PC、穿戴（手表 / 手环）、大屏 HD、音箱、耳机、AR/VR、车机八大入口；"N"指泛与生态合作推出的泛 IoT（Internet of Things，物联网）产品，可以延展到移动办公、智能家居、运动健康、影音娱乐以及智能出行等各大板块场景。通过 1 部手机连接 PC、平板等 8 种华为终端产品和 N 种华为生态链产品。

　　$APPEALS 模型从八个方面进行客户需求分析，确定客户的购买准则，聚焦市场价值点，可用于评价公司自身产品与竞争对手产品在满足客户期望上的差距，分析哪些差距对公司而言是最重要的，为后续的差异化的竞争策略和行动计划提供输入，从而改善竞争地位。在实践中，一般采用 $APPEALS 雷达图的方式来呈现，如图 3-4 所示。

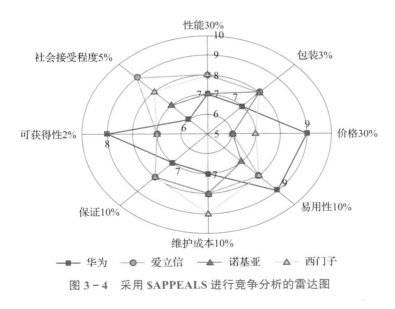

图 3-4　采用 $APPEALS 进行竞争分析的雷达图

　　企业上下游之间除了竞争关系，还有合作关系，甚至同行业的直接竞争对手之间也可能存在生态链上的合作关系。现实中企业之间往往不是通过吃掉对手而是与对手共同做大行业的蛋糕来获取更大的资源和市场。

　　在竞争分析中，需要持续思考如下问题：

　　● 市场上有哪几类竞争对手？它们的市场地位如何？它们的战略控

制点如何？谁是我们的主要竞争对手？谁是潜在竞争对手？谁是行业颠覆者？

- 客户为什么要选择（或者不选择）竞争对手？竞争对手的价值主张是什么？如何实现为客户创造价值？

- 竞争对手对行业趋势和客户需求的看法如何？会有什么样的战略规划？战略定位是什么？竞争对手正在干什么？

- 跟竞争对手相比，我们的优势有哪些？劣势有哪些？我们需要学习和吸收它们的哪些优点？我们如何缩短或拉开和竞争对手的距离？

- 竞争对手对我们的战略会有什么样的反应？

- 我们如何进一步应对并赢得市场？

  …………

## 看自己

看自己是对企业自身的分析。在看趋势、看市场 / 客户、看竞争之后，要对自己的内部资源和能力进行准确盘点。

看自己，是为了审视自己抓住市场价值转移趋势和构建战略控制点的准备度，为了更好地满足市场 / 客户需求，既要准确识别自身优势并对此挖潜发扬，又要洞悉内在不足并通过外部合作弥补。

通过看自己，分析清楚企业的客户结构及市场的成长性、各产品线的业务组合及盈利能力，盘点企业核心能力及优劣势。回顾企业过去的战略执行情况，审核和更新未来的战略意图及业务组合。

有人说，多数失败，不是因为对手的强大，而是对自己认识不清。看自己，是为了找出达成战略目标还有哪些差距以及采取哪些变革来缩小差距。因此，前面介绍的分析业绩差距和机会差距的方法同样适用于看自己。

**BMC**（Business Model Canvas，商业模式画布）能够帮助企业深入分析自身的经营状况、差距、优势和劣势，通过对商业模式的正确定义和分析，应用商业模式画布设定战略方向，并描述企业创造价值、传递价值和获取价值的全过程，具体如图 3-5 所示。

商业模式画布是由亚历山大·奥斯特瓦德（Alexander Oster-walder）和伊夫·皮尼厄（Yves Pigneur）提出的一种用来描述商业模式、可视化商业模式、评估商业模式以及改变商业模式的通用语言，也被认为是目前对商业模式最有效、最简明易懂的表达方式。

商业模式画布由九个格子组成，每一个格子代表了一个做生意的关键要素，所有的格子之间都是密不可分、相互影响的。注意，每个格子并不是只和它旁边的格子有联系，和其他所有的格子都有关系。这些丰富的关联才是商业模式的真谛。这九个格子的含义分别如下。

客户细分：客户是商业模式的核心。商业模式可以定义一个或多个或大或小的客户细分群体。客户细分要解决的问题是：我们正在为谁创造价值？谁是我们最重要的客户？

价值主张：组织基于价值主张为客户创造价值。价值主张要解决的问题是：我们该向客户传递什么样的价值？我们正在帮助客户解决哪些难题？我们正在满足哪些客户需求？

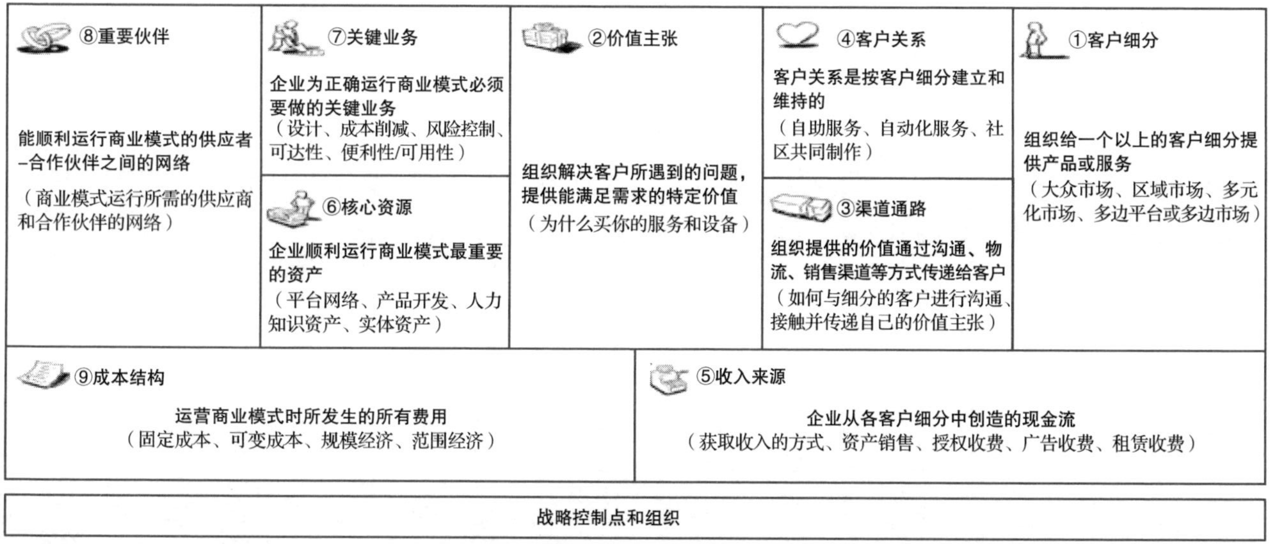

| ⑧重要伙伴 | ⑦关键业务 | | ②价值主张 | ④客户关系 | | ①客户细分 |
|---|---|---|---|---|---|---|
| 能顺利运行商业模式的供应者—合作伙伴之间的网络<br><br>（商业模式运行所需的供应商和合作伙伴的网络） | 企业为正确运行商业模式必须要做的关键业务<br><br>（设计、成本削减、风险控制、可达性、便利性/可用性） | | 组织解决客户所遇到的问题，提供能满足需求的特定价值<br><br>（为什么买你的服务和设备） | 客户关系是按客户细分建立和维持的<br><br>（自助服务、自动化服务、社区共同制作） | | 组织给一个以上的客户细分提供产品或服务<br><br>（大众市场、区域市场、多元化市场、多边平台或合成多边市场） |
| | ⑥核心资源 | | | ③渠道通路 | | |
| | 企业顺利运行商业模式最重要的资产<br><br>（平台网络、产品开发、人力知识资产、实体资产） | | | 组织提供的价值通过沟通、物流、销售渠道等方式传递给客户<br><br>（如何与细分的客户进行沟通、接触并传递自己的价值主张） | | |
| ⑨成本结构 | | | | ⑤收入来源 | | |
| 运营商业模式时所发生的所有费用<br><br>（固定成本、可变成本、规模经济、范围经济） | | | | 企业从各客户细分中创造的现金流<br><br>（获取收入的方式、资产销售、授权收费、广告收费、租赁收费） | | |

战略控制点和组织

图 3-5　商业模式画布示意图

渠道通路：公司与细分的客户进行沟通、接触并传递其价值主张要通过渠道通路。我们的渠道如何整合？哪些渠道最有效？哪些渠道成本效益最好？如何把我们的渠道与客户的例行程序进行整合？

客户关系：客户关系用来描述公司与特定客户细分群体建立的关系类型。每个客户细分群体希望我们与之建立和保持何种关系？这些关系成本如何？如何把它们与商业模式的其余部分进行整合？

收入来源：如果客户是商业模式的心脏，那么收入来源就是动脉。什么样的价值能让客户愿意付费？他们更愿意如何支付费用？每个收入来源占总收入的比例是多少？

核心资源：我们的价值主张需要什么样的核心资源？我们的渠道通路需要什么样的核心资源？我们的客户关系和收入来源呢？

关键业务：和核心资产一样，关键业务也是创造和提供价值主张、接触市场、维系客户关系并获取收入的基础。

重要伙伴：商业模式的优化和规模经济的运用、风险和不确定性的降低、特定资源和业务的获取等三种动机有助于创建合作关系。很多公司创建联盟来优化商业模式、降低风险或获取资源。

成本结构：成本结构构造块用来描绘运营一个商业模式所引发的所有成本。成本结构分为成本驱动和价值驱动两种类型，而很多商业模式的成本结构介于这两种极端类型之间。

简单来说，商业模式画布就是描述商业模式的框架。商业模式画布能够帮助团队催生创意、减少猜测、确保它们找对目标用户、合理解决问题，使得商业模式可视化，使用统一的语言讨论不同商业领域。

商业模式画布也可以应用于自己和竞争对手的商业模式之间的比较。例如星巴克和瑞幸咖啡虽然都售卖咖啡，但是两者的商业模式明显不同。

例如，星巴克的核心是给人们提供一个"第三空间"，也就是给人们提供一个非正式的公开场所，可以在那里聚会，把工作和压力放在一边，放松下来聊天。星巴克围绕用户的使用场景做了很多设计，比如横向排队、比较舒适的座椅和在吧台上可以看到咖啡师的操作，等等，总而言之，提供一个轻松、舒服、方便和他人交流的场景，核心是社交属性。

星巴克的门店往往选在最繁忙的市区交叉路口，虽然这些地段租金很高，但醒目的位置带给星巴克最天然的广告效果，来往的路人都能看到招牌门面。

星巴克的消费者定位是白领阶层，以消费者口头传播来推动目标客户群的成长。星巴克的咖啡价格定位是多数人负担得起的奢侈品。一杯 30 块钱的星巴克咖啡，咖啡豆、咖啡杯这些原材料的成本不超过 5 块钱，消费者支付的主要是星巴克主打的"第三空间"费用。

瑞幸咖啡发现中国的咖啡消费群体 70% 是拿走喝的，只有 30% 是在店里喝的，于是想争夺这 70% 的客户。

瑞幸咖啡的价值主张是给客户随时随地提供一杯好咖啡。瑞幸咖啡的价格实惠，《瑞幸咖啡宣言》中重要的一条就是"你喝的是咖啡，还是咖啡馆?"因此瑞幸咖啡的用户场景是在 App 中,用 App 点单,然后去店里取。也就是说,瑞幸咖啡的核心是零售属性。

瑞幸咖啡约 90% 的门店面积在 20 ~ 60 平方米,剩下的是优享店和中央厨房。瑞幸咖啡对自己的门店定位是商场里面的奶茶或者饮料店。

在看自己的过程中,需要持续思考如下问题:

- 企业的组织绩效 KPI 完成得怎样?造成业绩差距和机会差距的主要原因有哪些?

- 企业的关键成功因素有哪些?如何强化企业的核心竞争力?通过哪些方式来弥补企业的劣势?

- 企业的市场份额和行业定位是怎样的?未来 3 ~ 5 年的战略意图是什么?

- 企业的业务组合和能力组合有哪些?如何进一步协同?

- 在交付客户价值的过程中,我们的业务流程、组织架构如何更好地支撑业务发展?有哪些关键瓶颈需要重点解决?

- 我们的人才储备和培养是否足以支撑业务发展?

- 我们的企业文化和组织氛围需要适当调整吗?

    …………

## SWOT 综合分析

通过前面的"四看"(即看趋势、看市场 / 客户、看竞争和看自己),接下来进行 **SWOT**(SWOT 为 Strengths、Weaknesses、Opportunities 和 Threats 的英文首字母组合）综合分析，帮助企业进行市场的选择和策略的制定。SWOT 分析法是非常经典和有价值的工具。SWOT 的具体含义如下：

- 优势（Strengths）是企业超过竞争对手的能力，或者公司所特有的能提高公司竞争力的资源。

- 劣势（Weaknesses）是企业不如竞争对手的方面。企业与其竞争对手相比，做的不好或者没有做到的方面，从而使自己与竞争对手相比处于劣势。

- 机会（Opportunities）是对企业行为有吸引力的领域。

- 威胁（Threats）是在环境中不利的发展趋势所形成的挑战，如果不采取果断的战略，公司的竞争地位将被削弱。

SWOT 分析法通过分析企业自身的竞争优势、劣势，外部市场的机会、威胁，将企业战略与内部资源、外部环境有机地结合起来，然后依照矩阵形式排列，把各种要素匹配起来加以系统分析，从而科学地得出一些结论。但是，想做好 SWOT 分析，不是罗列和猜想就可以做到的，难点在于深刻剖析自身，以及灵敏感知到外部的变化。

从整体上看，SWOT 可以分为两个维度：第一个维度是优势（S）和劣势（W），主要用来分析内部条件；第二个维度是机会（O）和威胁（T），主要用来分析外部条件。通过 SWOT 分析各项未来事件的发生概率（可能性）、影响程度（对业务的影响），从中找出对自己有利的、值得发扬的因素，以及对自己不利的、要避开的东西，发现存在的问题，找出解决办法，并明确以后的发展方向，如表 3-4 所示。

表 3-4　SWOT 分析法示例

| | 优势（S）<br>S1：研究能力强，反应快<br>S2：完善的销售和服务网<br>S3：语音、数据、图像方面的关键技术<br>S4：稳健的资本结构 | 劣势（W）<br>W1：品牌影响力不足<br>W2：质量控制能力不强，产品稳定性不高<br>W3：成本控制能力不强<br>W4：产品管理比较薄弱 |
| --- | --- | --- |
| 机会（O）<br>O1：企业级视频会议市场兴起<br>O2：新技术发展快<br>O3：运营商需要新业务增加收入 | OS 战略（增长型）<br>1.扩展企业级产品的宽度和深度（S1～S4、O1、O2）<br>2.开发适合运营商的解决方案（S1～S4、O3）<br>3.研发图像方面的核心技术（S1、S3、S4、O2） | OW 战略（扭转型）<br>1.启动品牌战略（W1、O1、O3）<br>2.启动质量控制、成本控制专题改进计划（W2、W3、O1）<br>3.建立产品管理体系（W4、O1、O3） |
| 威胁（T）<br>T1：竞争更激烈，价格下滑<br>T2：软视频等替代技术<br>T3：专利技术保护 | TS 战略（多种经营型）<br>1.加强技术服务优势和快速反应机制（S1、S3、T1）<br>2.跟踪替代技术（S1、T2）<br>3.加强自主研发，制定专利策略和计划（S1、S3、T3） | TW 战略（防御型）<br>1.提升稳定性，通过设计和采购降低成本（W2～W3、T1）<br>2.避开不擅长的领域（W1～W4、T1、T2） |

SWOT 分析法通过 O、T、S 和 W 将矩阵划分为四个象限。对于四个不同象限（不同性质）的市场，就需要用不同的方法对待。

- 机会优势战略（OS）：外部机会正好落在你的优势领域，赶紧利用。
- 机会劣势战略（OW）：外部机会是你的劣势，需要改进。

- 威胁优势战略（TS）：自身有优势，但是外部有威胁，需要时刻保持警惕。
- 威胁劣势战略（TW）：既有威胁又是你的劣势，需要及时远离并消除。

## 看机会

看机会就是帮助企业识别和筛选战略机会点及机会窗战略机会点。

什么是战略机会点？战略机会点是指中长期的重大市场机会，例如华为从早期固网业务拓展到无线业务、企业业务以及现在营业收入占比超 50% 的消费者业务。

什么是机会窗战略机会点？该机会点是指有明显的启动和关闭时间点，在这个时间窗口内涌现的市场机会。例如，小灵通业务的时间窗口是从 2000 年到 2007 年。没有抓住小灵通业务的机会窗战略机会点令任正非痛苦了十年！任正非曾说：一个领导者重要的素质是把握方向、节奏。他的水平就是合适的灰度。坚定不移的正确方向来自灰度、妥协与宽容。从此以后，华为公司的战略导向从"不做机会主义者"转变为"不做机会主义者，但不放弃任何机会"。

建议使用 **SPAN**（Strategic Positioning Analysis，战略定位分析）和 **FAN**（Financial Analysis，财务分析）两大工具筛选战略机会点（市场机会）。

## 战略定位分析

战略定位分析（SPAN）从市场吸引力和公司竞争力（竞争地位）两个维度出发对各个战略机会点（即细分市场，SPAN图中的泡泡）进行深入分析，筛选出哪些细分市场作为企业的目标细分市场，并确定相应的产品及服务策略，为最终战略规划提供决策依据，如图3-6所示。

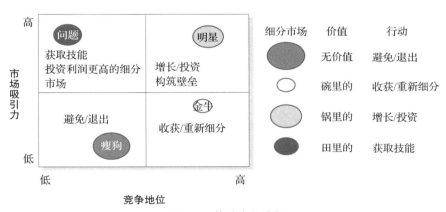

图 3-6 战略定位分析

其中，市场吸引力从市场规模、市场增长率、盈利潜力和战略价值四个要素进行评估。

市场规模是指细分市场的相对收入机会。

市场增长率是指细分市场未来3～5年的**年均复合增长率**（Compound Annual Growth Rate，CAGR）。

盈利潜力主要受到细分市场上直接和间接竞争的激烈程度、竞争对手是否有可能进入该细分市场、客户和供应商对细分市场盈利能力的压力程度等因素的影响。

战略价值是指该细分市场对产品线和公司的战略价值，即根据战略意图来评估其重要性。

在确定市场吸引力的各个评估要素的权重系数（权重系数之和应当是 100%）之后，针对细分市场的市场吸引力的各个评估要素进行评级（评级为高、中、低，对应评分为 5、3、1）或直接打分，就可以计算出该细分市场的市场吸引力总得分，也就可以精确（定量）地确定该细分市场在 SPAN 图中纵坐标上的位置。

竞争地位是指公司 / 产品线的产品及服务和竞争对手的在细分市场上满足市场需求的相对程度和差距比较的情况。相对于竞争对手，公司的产品及服务越能满足细分市场的需求，意味着公司的竞争地位越高。

在评估竞争地位时，可从 $APPEALS 模型（包括 8 个要素：价格、可获得性、包装、性能、易用性、保证、生命周期成本、社会接受程度）中选择适当的关键要素入手，也可从以下 22 个要素中选择 TOP N 的客户 / 业务的关键成功因素来进行竞争地位分析：性能、价格、包装、License/RTU（使用权）、可用性、可扩展性 / 可升级性、功能、可获得性、可管理性、容量、可操作性、可服务性、应用、生命周期成本、客户环境、品牌形象、质量、稳定性、运行跟踪记录、交付提前期、售后服务、客户关系。总之，竞争地位的评估要站在市场 / 客户的立场，选择适当的要素。

在评估时，需要识别出业界最佳竞争对手，通过与业界最佳竞争对手的比较，得出本产品线满足细分市场客户需求的相对能力，从而确定竞争地位。

在进行目标细分市场选择的时候，需要对每个准备进入的细分市场进行 SPAN 分析，然后在 SPAN 矩阵上画出泡泡图。根据每个细分市场在 SPAN 图上的位置，采取不同的策略和行动措施，包括但不限于分销、成本控制、生产、研发、市场份额、产品、定价、促销、人力、运营资本等方面。

对于处在 SPAN 图右上象限，即"增长 / 投资"的细分市场（明星类市场），应当扩大分销渠道，使这些细分市场扩展到有吸引力的市场。应当扩大针对这些细分市场的生产和投资，同时严格控制成本，以获取规模增长带来的收益。在研发方面，应当继续进行投资，并增加这些细分市场上的产品，以建立起差异化的地位。也可以加强在这些细分市场上营销方面的工作，即定价、促销、销售活动等。这些行动充分利用较强的竞争地位，以从有吸引力的市场中获得最大回报，同时防止新的竞争者进入。在考核上，要求高增长，通常是三倍于行业的增长速度，如果行业增长率是 10%，增长率考核要求不低于 30%。

对于处在 SPAN 图左上象限，即"获取技能"的细分市场（问题类市场），在这些细分市场上建立起更强的竞争地位之前，应当限制其分销覆盖面，同时严格控制成本。在这些细分市场上的主要行动是对生产、研发和人力进行投资，以建立起竞争优势。还应当在市场方面采取积极措施，包括定价和促销，以获得市场份额。

对于处在 SPAN 图右下象限，即"收获 / 重新细分"的细分市场（金牛类市场），产品线应当维持其现有的分销模式。这些细分市场的重点是运作效率，包括充分发挥产能以及控制成本，以降低可变成本。在这些细分市场上应当限制营销活动，研发活动也应重点关注降低成本。这些活动能够巩固在细分市场上的竞争地位，并且防止竞争对手进入。

对于处在 SPAN 图左下象限，即"避免 / 退出"的细分市场（瘦狗类市场），应当逐渐撤销分销，还应大力削减这些细分市场上的固定和可变成本。换句话说，应当尽量减少或者关停产能，减少研发、营销和运营费用，将资源分配到其他细分市场中。管理的重点应该是从这些细分市场中获取利润，市场份额可以是次要的。

战略定位分析将业务组合管理清晰化，帮助做好业务的投资组合管理，协助企业多路径、多梯次管理不确定性。例如，对目前的华为而言，运营商业务是金牛业务，需要抓好经营质量，为新业务提供利润和现金流；消费者业务是明星业务，以保证一定利润率、健康经营为前提，鼓励弹性预算下加大对品牌、渠道和芯片、器件、OS 等投资；Cloud & AI 业务是问题业务，以后要培育成为"未来之星"。

### 财务分析

财务分析（FAN）针对各个细分市场进行投资回报率和累计收入的量化评估，并进行比较选择。一般由专业的财务人员和市场分析及产品规划人员共同对各个细分市场未来 3～5 年的各年销售收入、营业成本、营销费用及研发费用等进行合理的预估，然后按照利润表的方式计算出投资回报率及利润，如表 3-5 所示。公司可以设定最低投资回报率，对于达不到最低投资回报率的细分市场，原则上不允许进行投资。

从财务的角度看，越能为企业带来高额利润回报的细分市场，获得投资的优先级越高。

表 3 – 5　利润表示意图

| 细分市场：XX | 第 N 年 | 第 N+1 年 | 第 N+2 年 | … | 总计 |
|---|---|---|---|---|---|
| 收入 | | | | | |
| 成本 | | | | | |
| 销售与管理费用 | | | | | |
| 研发投入 | | | | | |
| 税前利润 | | | | | |
| ⋮ | | | | | |
| 投资回报率 | | | | | |

战略定位分析和财务分析一起为每个细分市场提供了财务、市场吸引力和竞争地位的分析。战略定位分析和财务分析相辅相成，共同提供一个框架，来确定一个细分市场的吸引力，并量化财务收益。二者可以作为基线，用来预测战略行动的结果和每个细分市场的目的和意图。

每个细分市场进行战略定位分析和财务分析之后，规划团队就能够了解关键组合分析、业务、策略和不确定因素，从而改进其策略。

以上是对市场洞察"五看"的详细介绍。

2012 年，时任华为副董事长、常务副总裁、轮值 CEO 徐直军在接受《财富》中文版的采访时说：在 2005 年前，客观讲，我们在产品方向上犯了不少错，这也是为什么我们要一而再再而三地强调要以客户需求为导向，以前我们还有一点技术导向、凭想象做事情。流程管理没有问题，现在做什么就成了最关键的。从 2005 年开始，我们就建立了一个战略营销体系，更多聚焦怎么倾听客户需求，怎么理解客户需求，跟客户探讨他到底要什么，然后来定义我们的产品和产品的规格。通过这些年的努力，这个体系也建立起来了。这就使我们的判断能力、决策能力提升了。

从华为的实践看，市场洞察是华为战略和产品管理体系最重要的工作，市场洞察要做到不遗漏战略机会，不忽视重大风险，以战略思维满足客户。企业需要持续构建市场洞察的组织能力和管理体系，才有可能输出高质量的市场洞察成果。

首先，市场洞察需要市场／客户信息、竞争情报、行业数据、经营数据、商业智能信息等的支撑，企业需要构建常态化的市场洞察信息收集体系。企业需要进一步对市场洞察信息进行分类，对收集渠道进行划分，通过各领域、各部门、各角色的协作将"触角"伸入信息发生源，广泛收集和企业业务有直接或间接关系的信息。另外，支撑数据及信息必须注明来源，例如《中华人民共和国国民经济和社会发展第十四个五年规划》。

其次，提升信息研究和分析能力，通过整合数据进行推理、定性分析、描述数据背后的故事等挖掘有价值的信息，进而洞察关键趋势和重要发现，为企业的下一步决策提供建议。

数据和洞察是相互促进的：数据支撑洞察，洞察反过来提升数据水平。在市场洞察和战略规划中，企业可以利用外部行业分析咨询公司和顾问，购买相应的市场分析报告，但对市场的理解还是要依靠自己，外部的报告只是一个参考，因为不同的报告经常有不同的说法，而且谁对谁错无法判断。因此，市场洞察还是以企业为主，需要企业各部门和人员与市场不断互动并深度思考。在一定的情况下，也可以适当借助外部的专业能力。

在组织层面上，保障专职人员负责市场洞察工作。虽然市场洞察是全年例行化的工作，但是在制定中长期战略规划和年度业务计划的时候，需要集中精力和时间，把工作做深做细，确保有效支撑战略意图、创新焦点、业务设计及关键任务的澄清。

对于具有不确定性的关键战略课题或有待进一步破解的确定性战略专题，成立战略专题项目组（华为内部叫作 Deep Dive 项目组），按照项目进展和里程碑来召集战略务虚会。经过务虚会讨论后确定性的部分进入战略规划，通过业务设计加以实现，仍然不确定的部分继续移交项目组研讨，并滚动成为下一年度战略专题的输入。战略专题研究要把未来的趋势、对企业的影响以及企业怎样应对分析清楚，不能仅仅收集信息。

## ⊕ 战略意图

通过市场洞察，找到目标市场的机会之后，需要进一步明确战略意图。那么，战略意图是什么？

"战略意图"（Strategic Intent）是加里·哈默尔（Gary Hamel）和普拉哈拉德（C. K. Prahalad）1989 年发表在《哈佛商业评论》上的文

章中提出的概念："过去 20 年中达到世界顶尖地位的公司，最初都具有与其资源和能力极不相称的雄心壮志。我们将这一令人着迷的事物定义为战略意图。"

战略意图是关于未来作战的总体思路和规划，也是对未来的大胆假设，可能不够详细具体，也未经过小心求证。

从战略管理实践看，笔者认为战略意图应该包含但不限于使命、愿景、价值观和战略目标，如图 3-7 所示。

图 3-7　企业战略意图设计框架

彼得·德鲁克曾说过："一个企业不是由它的名字、章程和条例来定义的，而是由它的使命与愿景来定义的。企业只有具有了明确的使命与愿景，才可能制定明确而现实的战略目标。"

笔者在引导企业客户讨论公司的使命、愿景和价值观的时候，经常被询问它们的具体含义、作用及之间的关系。使命、愿景和价值观三者之间是一种相互依存的关系。使命、愿景、价值观、战略目标让战略有灵魂。使命、愿景和价值观旨在回答三个关键性问题："为何追求"、

"追求什么"与"如何追求"。

使命是指组织存在的理由与所追求的价值，也就是组织的存在与否对于其关系人所产生的价值贡献，是企业追求的终极目标。使命是组织对自己的根本任务所作出的"口号"性描述。通常，使命向上、向外承接，可以理解为"上级组织或者外界托付一项使命给本组织"。

愿景通常是企业未来 10 年、20 年甚至更长期要努力奋斗达到的目标。愿景往往体现了企业对产业价值链的思考和定位，富有挑战性，带有纲领意义和感情契约意义。

价值观是组织全体成员都接受的共同观念，是判断是非的标准，是调节行为的导向。核心价值观引导日常决策的方向，以确保使命完成和愿景实现。

任正非曾说过：战略，战略，关键是略，没有舍弃、没有放弃，就没有战略。企业作出战略选择的最主要原则是审视是否与企业使命、愿景和核心价值观相符合。对于违背企业使命、愿景和核心价值观的市场机会，是不能选择的。

多年以来，华为始终坚持聚焦于主航道，专注于 FBB（固定宽带）网络和 MBB（移动宽带）网络领域，而没有涉足更赚钱的房地产或者金融领域，没有足够的定力是做不到的。在这个足够的定力背后，首先是华为的使命、愿景、战略乃至核心价值观在起作用。其次，在华为看来，如果把精力分散到其他行业，主航道业务就会受到很大冲击。

华为用约 30 年的时间进攻一个城墙口——通信设备市场，成为业界强者。在这方面，国内有很多前车之鉴，有的企业不但主业没有得到及时的强化，反而导致了重重的危机。

战略目标是为企业使命和愿景奋斗的过程中的阶段性里程碑。战略目标源自企业的使命和愿景，通常是未来 3 ~ 5 年的目标。除了销售收入、利润、应收账款、现金流等业绩目标，还应该有非业绩目标，以提升中长期核心竞争力。例如，实现行业竞争力前三甲、华南区市场份额占据第一、行业内 Top10 客户占比超过 70% 等，这些核心竞争力目标反映企业是不是经过成功的战略管理获得了更强的竞争地位。

近期目标可以理解为年度经营目标，结合年度预算，它更加量化、具体地规范组织朝希望的方向前进，检视组织是不是朝着战略目标迈进。近期目标更加细化和量化，是逐步达成战略目标的基础。

战略目标和近期目标（年度经营目标）的输出框架可以参考表 3 - 6。

表 3 - 6　战略目标和年度经营目标的输出内容

|  | 第一年 | 第二年 | 第三年 | 第四年 | 第五年 |
|---|---|---|---|---|---|
| 销售收入 |  |  |  |  |  |
| 市场份额 |  |  |  |  |  |
| 客户目标 |  |  |  |  |  |
| 区域目标 |  |  |  |  |  |
| 渠道目标 |  |  |  |  |  |
| 利润 |  |  |  |  |  |
| 新业务 |  |  |  |  |  |
| 产品和技术 |  |  |  |  |  |
| 运营效率 |  |  |  |  |  |
| 管理成熟度 |  |  |  |  |  |

例如，华为某产品线的愿景是成为全球领先的产品和解决方案提供商，制定的战略目标如下：

- 财务目标：五年销售收入复合增长率 15%，五年后销售收入达到 70 亿元，税前利润率不低于 15%，利润兑现率 90%……
- 区域目标：亚非拉市场份额第一，欧洲保二争一……
- 客户目标：成为主流客户首选供应商，TOP50 的客户建成 × × 合作伙伴……
- 产品目标：产品 1/2/3 复合增长率 18%，产品 4/5/6/7（成熟期）复合增长率 10%……
- 运作目标：销售及管理费用每年降 0.1 个百分点，全球销售毛收入不下降，流程成熟度每年提升 0.2 达到 3.8，人均效率提升 10%……

总结一下，使命和愿景、战略目标、近期目标，分别反映了企业的远期、中期、近期的目标，用来指引企业的方向和战略意图。

另外，笔者认为战略意图必须来自深刻的市场洞察和对价值转移趋势的把握，而非企业领导者天马行空的口号。例如，在未来五年，销售目标要由现在的 10 亿元变成 50 亿元，那么，这 50 亿元一定不能是空穴来风。

战略目标制定要求从终局看布局，以未来推导现在，是"以终为始"的思考过程。站在后天看明天，才可能提出正确的战略问题，并据此制定战略意图。当年有人问："华为为什么要自主研发芯片、操作系统？用得上吗？"任正非回答："原子弹什么时候用过？没有，就被欺负。"任正非是在以"华为可能被卡脖子"的未来，推导"华为现在必须开始预防被颠覆的战略风险"。

战略目标是根据未来五年的市场机会及企业想达到什么样的目标来设定，而不是根据企业目前的内部资源和条件。卓越的企业往往擅长使用战略目标与现实的资源缺口来倒逼组织实施管理变革，塑造新的商业模式和重整运营模式，从而激发全体员工的创造性张力，实现企业的战略意图。因此，企业领导者和经营管理团队成员在未来五年的战略目标上达成共识是非常关键的。

任正非在公司战略务虚会上曾经提出"以愿景、使命提升队伍精神追求"。战略其实是实现公司使命、愿景、目标（宏观上）的总体路径和方法，战略管理的目的是实现企业愿景、使命。

任何一家企业的管理团队都必须就企业的使命、愿景、战略目标达成共识，就战略落地策略和行动计划达成共识。战略管理需要高层和中层之间以及中层之间达成共识，做到上下对齐、左右拉通。

为了达成共识，可以借助方法论和工具，让团队成员之间实现目标统一、语言统一。在大家认可的框架之下实现策略对齐、行动对齐。

例如，华为消费者业务 CEO 余承东 2012 年曾经在微博公布了当时的战略意图。主要内容如下：

负责华为消费者业务后，我们做了几个大调整：1. 从 ODM 白牌运营商定制向 OEM 华为自有品牌转型。2. 从低端向中高端智能终端提升。

3. 放弃销量很大但并不赚钱的超低端功能手机。4. 启用华为海思四核处理器和 Balong 芯片。5. 开启华为电商之路。6. 启动用户体验 Emotion UI 设计。7. 确立硬件世界第一之目标！

六年后，余承东在网络平台上表示，他接手华为消费者业务不久的一个夜晚，曾以悲壮与绝望的心情呐喊。那时候华为终端还很弱小也不赚钱，没有人看得起，面对来自内外部的各种批评与挑战，他备感压力，但一直在坚持。

可以看出余承东当年作出这些重大战略调整背后所背负的巨大压力，六年前他为华为消费者业务确定的七个战略目标，如今都成为现实。

## ⊕ 创新焦点

创新焦点是为了匹配外部市场机会和达成战略意图，结合企业自身优势，把握市场切入时机，将企业的核心资源投在业务的关键创新点（战略控制点）上。这也是华为提倡的"不在非战略机会点上消耗战略竞争力量"。企业应该为打造更强大的战略控制点而创新，而不仅仅是在现有业务逻辑的延长线上创新。

爱因斯坦曾经说过："我们不能用造成问题的思维方式，去解决因为这些思维方式产生的问题。"创新说着容易，做起来却很难。创新需要灵感，更需要方法，应避免"为创新而创新"，而不知道创新的目的何在。企业如果缺少有效的创新机制来积极探索、验证和紧跟市场脉动，就不可能实现自己的战略意图或者拥有持续的优势。换句话说，创新焦点要求企业从广泛的资源中过滤想法，通过试点和深入市场的实验探索新想法，谨慎地进行投资和处理资源，以应对行业的变化。

BLM 模型认为，可以从三个角度去思考创新焦点：

- 未来业务组合。现有的业务有哪些可能要退出或重新定位？哪些业务必须持续贡献现金流，保障未来的发展？哪些新业务领域（包括新市场、新客户、新产品）需要进入？它们的业务机会点在哪里？公司可参与空间多大？总之，业务需要随着价值区的转移不断地改变，明确未来业务的组合关系以及推进业务迈入高价值的利润区。例如，华为手机努力塑造高端旗舰手机品牌。

- 模式创新。创新的领域包括产品技术创新、服务创新、流程创新、业务模式创新，还有文化管理创新。创新等于创意 + 技术发明 + 商业开发。创新可能是商业模式的创新，也有可能是技术的创新。产品跟服务本身可能没有那么大的变化，但是商业模式可以有所不同。例如，小米手机在创业初期采用互联网销售模式，压缩手机销售中间环节，达到性价比极高的商业目标，从而快速占领智能手机的中低端市场及用户心智。

- 资源利用。创新地利用资源，创造更大价值。

这三个角度都可以让企业的业务进一步成长，下面分别介绍未来业务组合、模式创新和资源利用等内容。

## 未来业务组合

BLM 模型认为未来业务组合有四类业务。针对这四类业务，企业需要构建差异化的管理模式，尤其是业务目标制定和绩效考核必须有所区别。

- H0 衰退业务：逐步被替代或被颠覆的业务。企业的策略是延迟 H0 业务被淘汰的时间，维持公司所需利润；降低业务运营成本；优化 / 简化业务流程；拓展到特殊地区或消费群体。

- H1 成熟 / 核心业务：作为营业收入、利润及现金流主要来源的业务。企业的策略是延伸和捍卫成熟业务，提高生产力，增加利润贡献。常见的业绩要求：实现 ×× 亿元的收入目标；标准产品增加 ×× 功能，以突破 ×× 市场；重点拓展 ×× 等行业产品。

- H2 成长业务：业务模式已经被验证是可行的，在未来 3～5 年对市场规模扩大和提高市场份额有重大贡献的业务。比如，在 3 年后可能会贡献 30%～40% 的营业收入的业务。企业的策略是逐渐加大投入，通过并购 / 联盟 / 投资等方式，逐步扩大市场份额并获得优势竞争地位，把握新的战略机会。常见的业绩要求：收入增长、新客户 / 关键客户获取、市场份额增长、预期收益、净现值。

- H3 新兴业务：市场需求尚不清晰，业务模式还在探索中，可能孕育出企业未来长期增长的机会点的业务。企业需要投入一定资源不断尝试，因为其中一定比例的新兴机会很有可能成为企业未来新的成长引擎，变成新的成长业务。企业关注的是回报的多少和成功的可能性。常见的业绩要求：项目进展关键里程碑；市场宣传与产品推广；第一批产品原型的客户体验效果；机会点的数量和回报评估、从创意到商用的成功概率。

通俗地说，未来业务组合就好像是"吃着碗里的，储着仓里的，还要种着地里的"。企业须针对不同业务的特点进行业务设计，同时兼顾业务组合策略。

当然，在寻找创新焦点过程中，我们允许失败。有创新就必然会有失败，所以，我们能够接受部分失败，它们鼓励了更多的创新，孕育了更多的可能（721 法则或 352 法则）。

## 模式创新

思考创新焦点的第二个角度是模式创新。

度过创业生存期之后，在绝大多数企业中，模式就像一根固定的轴，整个企业绕轴运转，因为模式一旦证明其有效性，就很少更改。自然而然地，公司的架构、系统、流程和文化也随之在长时间内保持不变。当公司扩张至新的领域时，它们会依赖以前的制胜秘诀，这时实验和创新只能聚焦于现有商业模式内的产品和服务。

如果模式成功的前提条件发生了改变，或者根本就不存在，企业没有持续在模式上进行创新，则过去成功的模式无法保证持续的成功。这也就是华为所说的"过去的成功不是未来的可靠向导"。企业如果对自己习以为常的模式变得麻木，就很有可能从吃肉的变成啃骨头的，从啃骨头的变成喝汤的。

一般情况下，新的目标往往比以往能够达到的目标还要高，如果继续沿用过去的模式，肯定是达不成目标的。因此，业务从量变走向质变对模式创新的诉求更为迫切。例如，寻找 10 个新客户，找亲戚朋友帮忙便可完成；寻找 100 个新客户，可采用发宣传单的方式；寻找 1 000 个新客户，就需要借助网络论坛及广告推广等方式。

模式创新从关注成长到关注成本，主要有三种典型的形式，如图 3-8 所示。

| 关注成长 | 产品、服务和市场创新<br>创新用于聚焦客户和进入市场领域 | ▪ 发展和推出创新产品和服务<br>▪ 进入新市场，寻找新客户<br>▪ 推行新的渠道和交付路径 |
| | 业务模式创新<br>创新用于重建和企业扩展 | ▪ 发展业务运营的新方式<br>▪ 建立伙伴关系快速响应市场<br>▪ 提升业务灵活性 |
| 关注成本 | 运营创新<br>创新以改善核心职能领域的效能和效率 | ▪ 形成发展的最佳成本结构<br>▪ 优化流程以改进生产力<br>▪ 核心职能再造（改组）以提高效率 |

图 3-8　模式创新的三种形式

## 资源利用

思考创新焦点的第三个角度是资源利用。从广泛的资源中过滤想法，通过试点和深入市场的实验探索新想法，谨慎进行资源的有效匹配，以应对市场和行业的变化。创新地利用资源才能创造更大价值。有智慧的企业往往能够善用自身优势和整合外部资源，进行差异化细分，不断获取业务成功，进而夯实业务核心竞争力。

对于追求持续增长的企业而言，在发展过程中需要不断进行战略转型——可能是延伸和捍卫成熟业务，可能是建立成长业务并努力实现业务突破，也可能是尝试进入新兴业务市场。不管面对哪一种类型的业务，企业战略转型的核心是把握好战略机会点节奏和组织能力优势之间的平衡。

从战略转型的实践和成功率看，企业在选择新业务时，最好能够共享原有业务的一部分能力。换句话说，从原有成熟业务的相邻市场入手进行业务拓展，转型的成功概率较高。

相邻业务是指可以复用一定比例的原有业务的客户／市场、渠道、产品、技术、业务流程、人才、资金等资源的新业务。相邻程度取决于复用的比例。相邻程度越高，转型成功的概率越高，达到 50% 以上的复用一般就能够转型成功。例如，华为自 2003 年进入小灵通手机等终端业务市场，通过为运营商贴牌的方式，定制开发和生产交付终端业务。其中，共享了华为的 2B 运营商通信网络业务的客户关系、充足的资金投入等资源和能力，也整合了外部 ODM 手机开发的技术资源。后来，在 2011 年战略决策从终端业务贴牌模式转型为自主品牌模式，向华为公司的"端管云"愿景迈进。在 2003—2011 年期间，华为积累了一定的终端产品的技术、业务流程及供应链资源，有相当大比例的组织能力是可以共享的。当然，华为消费者业务在向自主品牌模式转型时，也面临着非常大的挑战，如产品营销能力不足、线下销售网络渠道覆盖不全、线上销售能力缺乏、工业设计与用户体验能力不强、高端品牌形象不强，以及没有很强的消费者需求洞察能力等等。幸亏华为具有非常强大的快速学习的组织能力，通过业务模式优化、战略性人才的获取、业务流程打造、经营复盘等形式，快速构建出相应的组织能力体系。

当然，如果企业决意进入全新的业务领域，对企业已有组织能力复用很少，就相当于重新创业。这样，业务成功的难度较大，就需要整合供应商资源、并购、联盟，选择足够专业和强大的团队。例如，华为 Mate 7 手机整合了背面指纹识别技术和产能，为其把握市场机会窗口期提供了有力支撑。

三星可谓是创新的成功典范。三星 2012 年打败诺基亚，成为全球第一大手机厂商，在此后的八年时间里，三星的地位一直屹立不倒。虽然三星手机在中国的市场份额已经跌至不到 1%，但仍稳坐全球手机市场份额第一名（2020 年的市场份额为 20.6%）。三星靠的并不是 Galaxy 和 Note 系列高端机，而是型号众多、数量庞大的中低端机。三星除了拥有清晰的产品线布局和大量产品创新，还具备独一无二

的竞争优势——完整的产业链，不会被供应商掣肘。目前，全球最好
的 OLED 屏幕、闪存都在三星手上。同时，三星还拥有处理器、基带
芯片和相机传感器等智能手机的核心元件。得益于强大的产业链的垂
直整合能力，三星可以完美地贯彻自己的"生鱼片理论"，即在两个月
的新鲜期内不断推出新机型来抢占市场，用机海战术来增加销量和销
售额。

## 蓝海战略：价值曲线创新法

在笔者的战略管理培训课程和管理咨询项目中，经常被问到这样的
问题：企业应该怎样在红海里找到蓝海？笔者认为蓝海战略是非常重要
的方法之一。

蓝海战略（Blue Ocean Strategy）最早是由钱·金（W. Chan
Kim）和勒妮·莫博涅（Renée Mauborgne）在合著的《蓝海战略》一
书中提出的。蓝海战略认为，聚焦于红海等于接受了商战的限制性因
素，即在有限的土地上求胜，否认了商业世界开创新市场的可能。

运用蓝海战略，视线从超越竞争对手转向买方需求，跨越现有竞争
边界，将不同市场的买方价值元素筛选并重新排序，从给定结构下的定
位选择向改变市场结构本身转变。

价值创新是蓝海战略的基石，通常，战略被看作是在差异化和
低成本间做选择。与之不同，志在开创蓝海者会同时追求差异化和低
成本。

蓝海战略的核心在于通过"剔除，减少，增加，创造"四步动

作,创造新的价值曲线,开创无人抢夺的蓝海市场,走出红海竞争,如图3-9所示。

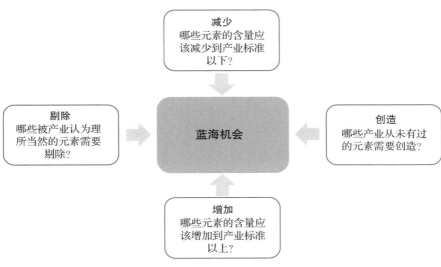

图 3 - 9 蓝海战略的四步动作框架

- 剔除:明确哪些被产业认为理所当然的元素需要剔除,以此来降低成本。

- 减少:明确哪些元素的含量应该减少到产业标准以下,用来提升买方价值,创造新需求。

- 增加:明确哪些元素的含量应该增加到产业标准以上。

- 创造:明确哪些产业从未有过的元素需要创造。

其实,在运用蓝海战略的时候,需要先识别和明确目标市场,接着深入洞察和分析该目标市场的全面需求,运用蓝海战略四步动作法,推演出企业的价值创造曲线。这样可以帮助企业对现有的商业模式进行修改,找到适合自身发展的蓝海战略。

市场洞察帮助企业识别出市场机会，战略意图提出使命、愿景及目标，创新焦点实现价值创新以支撑战略意图的落地。下面以如家快捷酒店的价值创新为例分析应用价值创新曲线的过程。

**如家酒店建立时的市场机会**

在如家建立之初，中国酒店业正面临分散而激烈的竞争，呈现出供大于求的态势，集中表现为全行业入住率不高（平均 60%），星级酒店举步维艰，五星以下全面亏损。

貌似唯一有利可图的策略只有进入高端市场，但如家选择了中低端市场，原因很简单——供给不足。一个市场亏损可能有两个原因：一是供给过剩，消费者往往是得利的渔翁；二是输给了可替代品，也就是说供给质量的不足使得消费者被迫转换了选择。而当一个行业中需求最大的一块市场——二三星级酒店—— 一直处于严重亏损状态时，无疑是有问题的。

当时，携程创始人季琦注意到一位网友抱怨在携程上预订宾馆的价格偏高。如果选择的空间很大，自然不会出现这样的抱怨。于是，他对携程网上订房数据做了分析，发现高档的酒店干净、豪华，但是不经济；经济的酒店，包括很多三星级酒店，却不安全、不卫生。这是很大一部分消费者对这个市场基本需求的落差。

如家透过数量供给过剩的表面看到了质量供给不足的本质，将自己定位在价格敏感程度相对较高，又要求卫生安全的中低档市场，相当于二三星级的规格。在此基础上，如家借鉴了国外经济型酒店的经验，引入经济型酒店的经营方式来服务目标市场。

**如家酒店的目标客户群体**

如家酒店的目标客户是中小企业商务人群和休闲游客。

酒店的财源在于流动的人群。根据文化和旅游部的统计，休闲旅游和商务活动占到了城镇居民出行目的的绝大部分。

中小企业的蓬勃发展使如家看到了其中的广阔市场：这部分人由于企业预算的约束，偏好经济的价位，但同时也要求方便卫生的住宿、一致的产品以及周到的服务。

需求与此相重合的客户群还有随着国内自助游和休闲旅游的升温而日益庞大的休闲游客群。从 2000 年开始，中国国内旅游总人次超过了60% 的全国总人口，基本上达到了大众旅游的标准。

如家之所以备受青睐，得益于其产品的顾客导向和品牌忠诚度的打造。

**运用蓝海战略"剔除，减少，增加，创造"四步动作进行价值曲线创新**

传统的业务设计和创新往往是在给定的行业标准之下，通过进一步的市场分割和营销手段来保持和扩大客户群，因此关注的是顾客评价的差异。其相应的竞争逻辑便是通过提供比对手更多的服务来提高价值，但是大多不会改变企业的价值曲线形状。这表现在中国的酒店市场上便是，星级酒店致力于提供"食、宿、购、娱"全方位服务，而大量的社会旅馆、青年旅馆为了给顾客带来经济实惠，在所有环节都缩减开支，住宿环境比较差。

如家引入了国外经济型酒店的产品形态，摆脱了这种竞争思维，它在顾客所关心的特性中寻找有效的共性，而非差异，跳出现有的规则、惯例、行业传统的框架，有所为，有所不为，以满足顾客的核心需求，如图 3 - 10 所示。

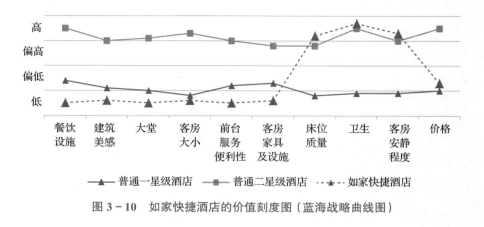

图 3 - 10　如家快捷酒店的价值刻度图（蓝海战略曲线图）

经济型酒店起源于 20 世纪 30 年代的美国，在国外已发展为一种成熟的业态，其体量占酒店业总数的 70%。其核心概念就是功能的有限性，即只提供基本的住宿服务，去除了其他非必需的服务，从而大幅度削减了成本。在国外，经济型酒店被称为"B&B"，也就是只提供床（Bed）和早餐（Breakfast），而会议、休闲娱乐等功能则尽可能压缩或免去。

通过调查，入住的客户最关心酒店的卫生，其次是床。如家十分重视客房的卫生标准，提供"四星级的床"。

为了推行"适度生活、自然自在"的品牌理念，如家在房间细节上下了很多功夫。如家的客房墙面以淡粉色、淡黄色为主色调，搭配碎花的床单、枕套，摆设简洁精致的现代家具，还有可折叠的行李架以节省空间，淋浴隔间使用推拉门而不是简陋的塑料布，在卫生间配备两种颜色的毛巾牙具，避免两位客人同时入住时的麻烦。

如家以顾客需求为导向，会别具匠心地提供书刊阅读、宽带上网，并同一些互补性产品的知名品牌进行"异业联盟"，方便商务人士的商旅生活。比如受到宾客欢迎的租车服务便是一例。

为服务目标顾客，如家一般选址于经贸、旅游比较发达的城市，在城市中的选址又讲究交通的便利性，如靠近地铁站、公交车站的商务区、居住区以及成本相对较低的商圈边缘等，便于客人出门办事。

对于传统星级酒店的过度服务，如家进行了削减甚至完全放弃。为评定星级，酒店需要满足房间设施、公共场所、客房服务、食品饮料供应等相应的标准。而如今越来越多的商务旅行人士和自助游客更关心充足的睡眠、方便的地理位置和经济的价格。如家针对这部分顾客，取消了传统星级酒店过多的豪华装饰，不设门童，舍弃投资大但利用率低的康乐中心、桑拿房、KTV、酒吧等娱乐设施。如家认为，虽然会因此失去一部分顾客，但高性价比可以吸引更多的目标客户。

在保证服务质量的前提下，如家在一些非关键的环节尽可能做减法。如家不追求豪华宽敞的大堂，但要求非常整洁；星级酒店用中央空调，如家则夏天用分体式空调，冬天用暖气；如家甚至将星级酒店的主要收入来源之一餐厅也大大简化，只占地 50 ~ 100 平方米，且不对外服务，把更多的空间变成客房；高星级酒店的客房员工比是 1∶2 到 1∶1，如家舍弃了多余的服务设施，管理人员也较少，一般是每 100 间客房设 30 ～ 35 名员工。

化繁为简、重点突出的产品策略给如家带来了很大的成本优势：每个房间的投资基本上控制在 5 万元左右（不包括租金），人工成本也比同业节约。更重要的是，它给目标顾客提供了更加适当和满意的服务。

## 持续创新应对未来不确定性

如前所述，业务组合中成长业务的业务路径大致确定后，企业对其落地方法也烂熟于心。而新兴业务的路径和模式还在探索中，存在不确定性，企业内部对做法可能并没有形成共识。要持续创新，任何一家已经有了路径依赖的企业都会面临困难和挑战。因为创新代表着对过去成功模式的颠覆，甚至是自我否定。

持续创新要求企业注意：

（1）持续研究客户不断变化的偏好及其演进趋势。

（2）对于新的创新想法，通过发散式思维筛选出可能有最佳表现的，安排测试认证。尽快实现和提供原型，不追求精细，低成本地测试和验证其市场可行性，并且快速迭代完善。

因此，企业需要构建能够包容尝试失败、勇于创新的组织氛围和文化，例如在华为的核心价值观"以客户为中心，以奋斗者为本，持续艰苦奋斗，坚持自我批判"中明确提出组织和个体要善于自我批判，不仅从个体行为上作出要求，更要求从组织行为上确保落地。

与此同时，企业还需要建立一些制度来保障持续的创新。从华为的战略管理实践看，有如下建议：

- 通过战略预算配置策略，确保成长业务、新兴业务获得足够有效的资源和支持，平衡成长业务和现有核心业务之间的预算／资源配置关系。

- 根据新业务的特点和规律，采用适当的方式来管理其不确定性和投资风险等。原则是管理服务于新业务，而不是新业务服从管理，保持新业务开展的灵活性。

- 新业务作为影响公司长远发展的关键事件，优先从中考察和选拔干部。

在创新焦点中，需要持续思考如下问题：

- 现有用户的需求在未来会发生什么样的变化，现有的产品能否满足这些用户的需求？

- 怎样与客户及用户互动，激发并利用他们的洞察发掘新的想法和机会？

- 现有的用户市场和产品能否帮助企业实现未来的收入和利润？未来更有利可图的用户市场是什么，需要什么样的产品和服务？企业现在的能力能够提供这些产品和服务吗？

- 从业务整体来看，其中的各项子业务或子产品属于 H0、H1、H2 还是 H3？为什么？

- 市场及竞争对手有哪些创新实践值得借鉴，未来我们可能采取哪些创新举措？

- 未来企业赚钱的方式是否发生改变？

- 企业现在的赚钱方式存在哪些优势和不足？

- 未来客户更愿意采取哪种支付费用的方式？

- 企业现在的资源组织方式有哪些优势和不足？

- 企业现在赖以生存的资源未来会发生什么改变？

- 未来对企业更为重要的资源是什么？

- 企业如何获得这种资源？

   …………

## ⊕ 业务设计

在完成市场洞察、战略意图和创新焦点环节之后，进入业务设计环节。

业务设计也称为价值驱动业务设计（VDBD），是与不断变化的客户偏好和价值转移趋势协调一致的蓝图。业务设计其实就是业务的商业模式设计，它是业务级的，而非公司级的。很多企业是多业务的（相关多业务或非相关多业务），不同业务的商业模式设计往往是不同的，即便看似类似的业务，背后的商业模式也可能截然不同。

业务设计是战略制定的落脚点，业务设计帮助企业有效抓住战略机会点和构建战略控制点。也就是不管你的战略意图是什么，你对目标市场进行了怎样的分析和判断，以及你用什么方式来创新，最终都要落脚到你对业务设计的重新思考，也就是说要明确赚的是什么钱，如何去盈利，核心竞争力何在。

业务设计是华为战略规划非常重要的方法论。华为在经历过小灵通业务战略失误、英国电信管理认证等关键事件之后，意识到需要在战略管理，尤其是战略规划方面，着手构建强有力的管理体系，因此在 2003 年从美世咨询公司引入了 VDBD 方法论①，之后在 2009 年从 IBM 引入了 BLM 模型。

价值转移趋势是什么？任何一个产业在演进过程中，随着竞争格局和各种因素的变化，最赚钱的环节（价值环节）会不断地演变或迁移。例如，个人电脑产业有中央处理器、操作系统、硬盘、内存、显示器、显卡、风扇、电池、音箱、整机组装、销售等环节，Wintel 联盟牢牢掌握个人电脑产业的关键技术——英特尔的中央处理器和微软的操作系统，具有强大的核心竞争力，能获取最丰厚的价值（利润）。

如果企业要在产业链中持续盈利和发展，就必须深刻洞察和预测价值环节的迁移。如果能提前一定时间，针对价值环节布阵、点兵，投入力量，那么业务在未来自然会成功。这就是战略管理思想的核心精髓，通过预测和洞察价值环节的转移，提前占好位，卡住竞争对手，最终实现持续成功。因此，要提前做好业务设计。

---

① 美世咨询公司前副总裁亚德里安·斯莱沃斯基的一系列著作对这些理论进行了系统的阐述。

VDBD 有五个重要概念：

- 价值转移在每个行业里都是不可避免的。

- 每个行业都有独特的利润区，但是会随着时间改变。

- 深入理解客户重点的变化以及客户系统经济十分重要，它是确定未来增长利润区和成功的业务设计方案的基础。

- 行业间共同的利润方式可以提供有效捷径来预测未来利润区域。

- 业务设计是战略性思维的基础。和产品一样，各种业务设计方案也有其生命周期，因此需要不断创新。

业务设计对企业的业务成功发挥的威力十分巨大。例如，在天猫／淘宝上卖的大部分商品都不属于阿里巴巴，但阿里巴巴是全国最大的电商平台；优步、滴滴几乎不拥有出租车，却是市场上最大的出租车公司；爱彼迎几乎不拥有酒店和房间，却做得比任何一家酒店连锁集团都大。一个优秀的业务设计可以产生和交付全新的价值，并且采用更高的效率，降维打击竞争对手甚至行业。

业务设计是中国企业目前明显缺失的能力。一系列充满误导性的商业流行思想拖累了一个个行业，陷入集体迷茫。即使是一流的企业，也会在战略及业务设计上犯错，导致大量资源浪费，最终导致企业破产。另外，许多企业过分分散投资，追求利润最大化，过度强调短期利润、资金周转，多元化成了发展之殇，没有围绕核心竞争力来投资，没有合理安排业务规划及业务组合。

业务设计是将战略机会点转化成可执行的策略、商业模式或者行动计划的最好的方法论。

业务设计是迈向执行的关键。企业在做业务设计时，需要对几个关键要素加以思考：客户选择、价值主张、价值获取／盈利模式、业务活动范围、战略控制、风险管理及组织能力，如图 3 - 11 所示。

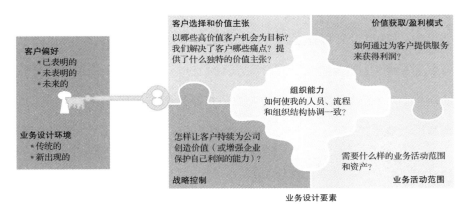

图 3 - 11　价值驱动业务设计

## 客户选择

业务设计的第一个要素是客户选择。谁是我们的客户？谁不是我们的客户？在细分市场中，价值客户有哪些特定的价值需求？企业需要根据客户兴趣需求、心理诉求、行为、职业及收入等特征细分并识别出具有共同特征的客户群体。例如，华为 Mate 手机定位的目标客户是商务人士，他们存在未被满足的痛点：手机屏幕小、续航能力不足等。华为 Mate 手机瞄准并解决了目标客户群体的痛点，在市场上出现"一机难求"的状况，大获成功。

客户选择对业务设计和投资回报非常重要。企业的优质资源要向优质客户倾斜，客户分类和内部各流程环节的投入要匹配。

客户选择既有中长期的战略性思考，又有阶段性的战术考虑，并结合了自身能力和战略意图。例如，从 2012 年开始，华为消费者业务努力从低端向中高端智能终端提升，通过 Mate 系列手机在 2015—2017 年逐步站稳高端市场。2017 年 7 月，任正非在公司 IRB 改进方向汇报会上称："这个世界百分之九十几都是穷人，友商低端手机有穷人市场，不要轻视他们。华为也要做低端机，我们的老产品沉淀下来可能就是做低端机。"任正非要求华为消费者业务在不断突破价格天花板之后，重新重视低端手机市场。

## 价值主张

我们的客户发自内心想要的是什么样的东西，这就是价值主张。或者说，客户为什么要选择我们，而不选择我们的竞争对手？是因为公司的产品／服务相比竞争对手给客户带来了独特价值。企业往往需要用一句最能体现品牌差异化的广告语作为价值主张，因为客户记不住厂家的产品和服务的"三大优势"或"七大卖点"。

价值主张实际上反映了我们对目标客户的需求洞察的深度。例如，"LV 包，它卖的不是包，卖的是别人羡慕你的心情"；"开宝马、坐奔驰"，宝马汽车的价值主张是驾驶的乐趣，而奔驰汽车的价值主张是彰显尊贵。

首先，考虑我们的产品和服务是否以客户的最终需求为导向，我们的价值主张和客户的需求是否吻合。

其次，考虑我们的价值主张的独特性和影响力：客户是否真正认可我们的产品和服务，是否能帮助客户实现增值和收益？

笔者认为，价值主张的提炼可以从 $APPEALS 模型（包括八个要素：价格、可获得性、包装、性能、易用性、保证、生命周期成本、社会接受程度）中选择适当的关键要素入手。例如，早期中国的电信市场之所以选择华为，就是因为华为在服务方面响应迅速、价格便宜，这就是华为早期的价值呈现。

企业需要持续通过相应的渠道或市场活动向目标客户群体推送和宣贯价值主张，验证所提炼的价值主张和客户所感知的是否相符。

需要提醒的是，价值主张不应该违背企业的核心价值观，更不能有意"打擦边球"欺骗客户。例如，为了迎合消费者对低糖甚至是无糖的需求，一些产品即便无法做到无糖，也在广告宣传中强调"无添加蔗糖"或"无蔗糖"，令消费者将之等同于无糖。2021 年 4 月 10 日，元气森林承认在乳茶的产品标识和宣传中没有说清楚 0 蔗糖与 0 糖的区别，容易引发误解，并计划将包装从原来的"0 蔗糖低脂肪"改为"低糖低脂肪"。

## 价值获取 / 盈利模式

价值获取又称盈利模式，即获取收益的方式。

成功的业务设计会带来多赢的结果——既要为客户呈现好的价值，又要考虑合作伙伴的价值分配，也要考虑怎么获取自己的价值。例如，国内影视公司 90% 的利润依赖于电影票房，而像迪士尼这样的公司，对票房的依赖不到 30%。相比之下，国内影视产业需要突破单一的依赖票房的盈利模式，才能保障产业更加稳健，也才能创造更多的可能。

在价值获取中，企业需要持续思考这些问题：如何把产品卖出去？与客户之间的交易以什么形式发生？有其他盈利模式吗？如何计算收入、利润和市场份额？依靠什么吸引客户并获取利润？

美世咨询公司前副总裁亚德里安·斯莱沃斯基总结出企业获取利润的 36 种模式，共分为八种类型：价值链模式、客户模式、渠道模式、资源模式、产品模式、组织模式、巨型模式和知识模式。规划团队在进行业务设计的时候，可以参考这 36 种模式。

这八种类型及其对应的模式如下：

- 价值链模式：

1. 价值链分拆模式

2. 价值链挤压模式

3. 价值链修补模式

4. 价值链重新整合模式

- 客户模式

1. 利润转移模式

2. 微型分割模式

3. 权力转移模式

4. 重新定位模式

- 渠道模式

1. 渠道倍增模式

2. 渠道集中模式

3. 渠道压缩／无中间商模式

4. 配电盘模式

5. 区域领先模式

- 资源模式

1. 优势资源模式

2. 寄居蟹模式

3. 资源整合模式

4. 创业家模式

- 产品模式

1. 从产品到品牌模式

2. 卖座大片模式

3. 利润乘式模式

4. 金字塔模式

5. 客户解决方案模式

6. 速度创新模式

7. 售后利润模式

- 组织模式

1. 技能转移模式

2. 从金字塔到网络模式

3. 基石建设模式

4. 数字化企业设计模式

● 巨型模式

1. 走为上模式

2. 趋同模式

3. 行业标准模式

4. 技术改变格局模式

● 知识模式

1. 经验曲线模式

2. 从产品到客户知识模式

3. 从经营到知识模式

4. 从知识到产品模式

## 业务活动范围

业务活动范围是指在经营活动中企业的业务范围和角色，要做什么、不做什么。企业在价值链中占据哪些环节以及打算与合作方构建什么样的协作关系？哪些业务是通过外包／外购实现的？企业进行要素分析和资源整合的目的是把企业的核心能力发挥到极致，卡好位（战略机会点），并且占据有利地形（战略控制点）。前提是看清楚自己的核心能力和不足，不足的部分找合作伙伴弥补。

例如，华为手机为了构建强大战略控制点而进入手机芯片设计和开发业务环节。华为是能够胜任芯片设计和开发的，因为复杂数理逻辑能力是其核心优势。而手机设计是华为的弱项，因此它联合保时捷推出Mate RS 保时捷版手机。

## 战略控制

业务设计不只是要保障企业生存，还要让企业越来越好、越来越强健，不断增强抗风险能力，因此要构建自己的核心竞争力，即战略控制点，也就是投资中常说的"护城河"。

### 战略控制点的定义及意义

亚德里安·斯莱沃斯基在《发现利润区》一书中提到，为了实现利润增长，公司在制定战略时必须同时寻找和培育行业内的战略控制点（Strategic Control Points），没有战略控制点的企业就像一艘舱底带洞的船，很快就会沉没。

每个企业可以问问自己：怎样保证企业在价值链中持续有存在价值？核心竞争力和战略控制点是什么？客户选择企业而不是竞争对手的理由是什么？站在客户角度去看，是更低的价格，更好的质量，更能满足客户需求的产品，还是更快的交货周期？企业必须具备什么样的竞争能力才能被客户选择？核心竞争力到底是什么？在核心竞争力上的投入够不够？这些问题值得高管团队认真思考。

战略控制点是什么？为什么重要？

战略控制点是指公司保护业务设计的利润来源的特别控制点（超越差异性和竞争优势）。

战略控制点可以让业务设计的盈利具有可持续性，保护利润来源，避免因强大的客户影响力而波动，避免受竞争者模仿的影响，甚至避免受强大产业政策或贸易政策的打压。换句话说，如果企业在产业链中没有获得一个不可替代的角色，那么随时可能被客户抛弃，随时可以被其他企业替代，这种企业其实是没有战略控制点的。

2019 年 5 月 15 日，美国商务部将华为列入所谓"实体清单"。

2020 年 5 月 15 日，美国在华为遭遇禁令一周年之际，更改了出口规则，要求只要是采用美国技术、设备的公司，要想和华为做生意都要向美国申请。

2020 年 5 月 23 日，美国商务部宣布将 33 家中国企业、高校和政府机构加入"实体清单"，其中包括奇虎 360、烽火科技集团、东方网力等知名企业。此外，成都太科光电、砺剑天眼、云从科技、云天励飞、上海银晨智能等多家知名初创科技企业也出现在名单中。

…………

其实，这是长期以来中国企业面临的共同压力，也是中美电子信息产业争夺战略控制点的角力。在过去的所谓电子产业黄金十年中，被忽略但又值得警惕的一个事实是：中国的电子产业规模越做越大，利润却越来越薄。

在 21 世纪的前十年，中国信息制造业产值增长了 4 倍，利润增长了 5 倍。随后，利润增速就开始跟不上收入。尤其是在中兴事件爆发的前 4 年，信息制造业收入增长了 25%，利润才增长了 11%，增长质量下滑明显。

战略控制点上的失落也反映在产业链毛利率的衰减上。

2014年起，苹果公司遭遇创新瓶颈，为了满足美国投资人对利润的期待，我国产业链上的公司都成了它控制成本的牺牲品：净利润率快速腰斩逼近个位数，大批代工厂落入了原地打转的陷阱。更令人担忧的是，苹果公司一直在寻找和培育印度、越南等国家的同类企业，以备随时替换掉我国厂家。

在组装和零部件厂商受伤之时，苹果的芯片供应商却仍在攫取高额利润。比如，三星的Dram芯片自2016年6月起，一年半左右的时间价格就上涨了130%，帮助三星在2018年营收超过了英特尔。而芯片的代工厂的净利润也稳定在35%以上。

有的企业落入利润陷阱，有的企业利润稳定，差距显而易见。如果中国电子产业不能构筑强大的战略控制点，轻则保护不了业务的利润来源，重则维持不了业务的连续性，随时面临"被断供""被替换"的战略风险。

下面通过两个关键事件的对比，说明在战略规划和战略管理中，主动设计和构筑强大的战略控制点对企业运营具有重要意义，甚至是生死攸关的大事。

事件1：2018年4月16日，美国商务部工业与安全局（BIS）以中兴通讯对涉及历史出口管制违规行为的某些员工未及时扣减奖金和发出惩戒信，并在2016年11月30日和2017年7月20日提交给美国政府的两份函件中对此做了虚假陈述为由，作出了激活对中兴通讯拒绝令的决定。美国商务部下令拒绝中国电信设备制造商中兴通讯的出口特权，禁止美国公司向中兴通讯出口电讯零部件产品，期限为七年。此外，美国商务部工业与安全局还对中兴通讯处以3亿美元罚款。这部分罚款可暂缓支付，主要视中兴在未来七年执行协议的情况而定。

2018年4月20日下午3点，中兴通讯首次正式回应美国对其激活出口限制禁令一事，公司董事长表示，这样的制裁立即使公司进入休克状态。

事件2：2019年5月15日，美国总统特朗普签署行政命令，要求美国进入紧急状态，在此紧急状态下，美国企业不得使用对国家安全构成风险的企业所生产的电信设备。美国商务部表示，将把中国公司华为及其70家附属公司列入"实体名单"。5月16日，美国商务部禁止中国华为和华为旗下的70家企业在美国的销售和采买行为，很多美国企业召开紧急会议，并以书面形式和华为断绝一切商务合作。

2019年5月17日，凌晨2点，华为海思总裁就华为被列入美国商务部所谓"实体名单"一事公开致信所有员工，宣布存放在保密柜里的所有后备芯片全部转正，正式启动"备胎计划"。自此，华为开启了对"千疮百孔的烂伊尔2飞机"进行"补洞"的艰苦卓绝的工作。同年，华为用8 588亿元营业收入（业绩增长19.1%）向全世界揭露美国的霸权主义并非坚不可摧。任正非甚至表示：过去，华为是为了赚点小钱，现在是为了要战胜美国。

同样面对美国制裁，相对于中兴通讯的被迫休克无力反击，为什么华为却能信心满满、步步为营，正面迎敌，甚至反制美国政府？归根结底，这两家企业在通信产业链中所构筑的战略控制点有天壤之别。

战略控制点是企业不易构筑、不易失去、不易被超越的中长期核心竞争力。企业只有不遗余力地构筑，才能立于不败之地。华为为什么会不遗余力地构筑战略控制点？笔者认为有如下原因：

（1）不在非战略机会点上消耗战略竞争力量。华为早期朴素的战略之一就是"压强战略"，早期最成功的一笔研发投资就是投入重金研发C&C08交换机。

1992年，华为开始进行局用交换机的研发，十几个开发人员参与，当时立项决定先开发模拟空分局用交换机。华为第一个局用交换机命名为JK1000。1993年4月24日华为在深圳召开了JK1000空分程控端局用交换机生产定型鉴定会（相当于现在的产品发布会），5月份获得邮电部的入网证书。JK1000空分程控端局用交换机具备批量生产的各种条件。

1993年初由于计算机技术的发展，数字局用交换机出现，它在功能、性能、成本上都大大优于空分局用交换机。因此，数字局用交换机取代空分局用交换机已不可避免。JK1000一推出就是一款失去市场、技术落后的机型，还没来得及改进和稳定就被淘汰了，华为在这个产品上的投入都付之东流。华为落入产品战略的陷阱。

1993年初华为决定"一步到位"，将全部资金投入C&C08数字程控交换机的开发。这显然是以华为公司全部资产为本钱的最后一搏，生死存亡在此一举！任正非说："研发成功，我们都有发展，如果研发失败，我只有从楼上跳下去。"

作为华为的明星产品，C&C08 一度销往全球 50 多个国家，服务上亿用户，为华为创造了巨大的商业价值，也为国产通信设备赢得了广泛的声誉。

值得注意的是，C&C08 的贡献不仅在于作为一款单一型号产品取得成功，更重要的是，它提供了一个产品平台。华为后来的所有产品，包括传输、移动、智能、数据通信等，都是在这个平台上发展起来的，都能看到 C&C08 的影子。

（2）2003 年，美国思科公司起诉华为公司侵权。此后华为公司"一朝被蛇咬十年怕井绳"，持续构建和完善知识产权的"核保护伞"。

当时世界最大的网络及电信设备制造商思科公司在 2003 年 1 月 24 日宣布对华为及其子公司（以下简称"华为"），就华为侵犯思科知识产权向美国得克萨斯州东区联邦法院提起法律诉讼，指控华为非法抄袭、盗用包括源代码在内的思科 IOS 软件，抄袭思科拥有知识产权的文件和资料并侵犯思科其他多项专利。思科称此次诉讼旨在寻求法律禁令，以制止华为对其知识产权继续进行侵犯并弥补华为非法侵权行为对思科所造成的损失。华为公司则称其在研发方面投入了大量资金，一贯保护自己的知识产权，同时也尊重别人的知识产权。2004 年 7 月末，思科与华为达成最终和解协议。华为并没有侵犯思科的知识产权，但也同意修改其命令行界面、用户手册、帮助界面和部分源代码，以消除思科公司的疑虑。

华为自创立以来，在国内外知识产权领域打了不少官司，既做过被告，也做过原告，当然，更多时候，华为同时既是原告，也是被告，因为华为和另一方分别把对方告到了法庭。

任正非深有感触地说："企业必须要尊重知识产权，对知识权益要尊重和认可，不尊重知识产权，人们就不愿也不敢从事原创性创新，而热衷于抄袭和模仿。要尊重知识产权就要付出知识产权成本，华为的国际化就是借船出海，以土地换和平。我们千军万马攻下山头，到达山顶时，发现山腰、山脚全被西方公司的基础专利包围了，怎么办？只有留下买路钱，交专利费，或者依靠自身的专利储备进行专利互换，为此，华为每年要向西方公司支付数亿美元的专利费，我们坚持不投机，不存侥幸心理。"

华为把每年营业收入的相当比例（10%～15%）投入到研发之中，根据华为过去十年的收入可以算出，在这十年当中，华为累计投入的研发费用高达740亿美元。如此高的研发投入，不说在中国，就是在全世界都名列前茅。

欧盟发布的2018年工业研发投资排名报告显示，华为以113.34亿欧元的研发投入高居排行榜第五位，仅次于三星、谷歌、大众和微软，同时也是唯一进入前50名的中国公司。中国第二家上榜的公司阿里巴巴以29亿欧元的研发投入，排名第51位。确切地说，华为的研发投入超过了中国互联网公司研发投入的总和。

华为将如此巨额的资金投入到研发当中，在技术上取得了相当大的收获。据统计，目前华为在全球拥有的核心专利总数超过八万项，其中有一万项获得了美国的专利认证。要知道华为申请的可实打实都是核心技术专利，都可以拿出来和别的公司进行专利交叉授权。正因为有着如此深厚的积累，华为才能够在被美国打压之时毫无惧色。而华为之所以会被美国如此打压，根本原因就在于华为在 5G 技术上拥有的核心专利数已经超过了美国公司，而美国政府非常看重将引发新的产业升级浪潮的 5G 技术，不惜损失政府的公信力，也要找各种借口来打压华为。

（3）在华为的战略规划方法论和实践中，对于任何一个战略机会点，必须思考规划构筑哪些战略控制点，怎样构筑战略控制点。没有强大战略控制点的战略机会点犹如建立在沙丘之上的大厦。

例如，华为手机在 2011 年向自主品牌转型的时候，将芯片、摄像技术等高价值的核心技术作为华为手机业务的战略控制点。目前全球能够提供 5G 芯片的可能只有三家：三星、华为和高通，连苹果手机也曾经为购买不到 5G 基带芯片而苦恼。另外，华为高度重视消费者业务的品牌建设、线上和线下渠道建设，因为这些都是非常强大的战略控制点。

战略控制点最核心的价值是，怎么保证业务的可持续性，或者说企业怎么持续赚钱。能否将战略机会点抓住并落地，标准之一是构建起强大的战略控制点。因此，战略控制点可以：

- 让业务设计的盈利具有可持续性。
- 保护你的利润来源，避免因强大的客户影响力而波动。
- 保护你的利润来源，避免受竞争者模仿的影响。

获取战略控制点的途径有很多。组织需要对自身的战略性控制点有一个清晰的共识。

**战略控制点的强度指数**

在战略控制点上，需要进一步思考的是，我为什么是一家不可或缺的企业？我为什么可以在价值链里赢得主导地位，获得价值分配的权利？

在亚德里安·斯莱沃斯基看来，不同的战略控制点有着不同的层级或者说不同的强度指数，如表3-7所示。

表3-7　战略控制点强度指数表

| 指数 | 战略控制点 | 保护利润的力量 | 案例 |
|------|-----------|---------------|------|
| 10 | 拥有行业标准（或强大的专利组合） | 高 | 高通、ARM、华为 |
| 9 | 控制价值链/生态链 | | Wintel 联盟、苹果、三星 |
| 8 | 绝对的支配地位（市场份额） | | 微信、QQ |
| 7 | 解决方案/拥有良好客户关系 | 中 | IBM、华为 |
| 6 | 品牌/版权影响力 | | 宝洁 |
| 5 | 分销渠道控制 | | OPPO/vivo、分众传媒 |
| 4 | 功能、性能、品质领先 | 低 | 格力 |
| 3 | 生命周期成本优势 | | 富士康、沃尔玛 |
| 2 | 性价比 | 无 | 许多公司 |
| 1 | 商品 | | 许多公司 |

战略控制点的第9级别是控制价值链/生态链。2016年，三星 Galaxy Note 7 手机发布一个多月，就在全球范围内发生多起因电池缺陷造成的爆炸和起火事故。虽然三星手机业务因为爆炸事件损失几十

亿美元，但是依然可以通过液晶屏和存储芯片的涨价，成为全球最赚钱的企业。

战略控制点的第 10 级别是拥有行业标准或强大的专利组合。下面通过美国高通公司和通信行业标准制定权争夺的两个案例进行说明。

美国高通是一家主营通信技术研发和芯片设计的公司，在移动通信的 3G、4G 专利领域占据领先地位。高通主要有两大主营业务：（1）卖芯片，特别是手机中最重要的处理器芯片；（2）向各手机厂商收取专利许可费。

高通除了向手机厂商收取芯片的费用，还按手机整机售价抽取一定比例的分成。据媒体报道，这个抽成比例一般在整机价格的 5% 左右，被业界称为"高通税"。

另外，高通饱受诟病的"霸权"就是专利反向授权。所谓反向授权，即手机厂家在使用高通芯片时，必须将自身所持有的专利同时授权给高通，并且不得向高通的任何客户征收专利费。

长期以来，高通芯片垄断了高端手机市场，手机厂商试图扭转这种被动的局面。目前，全球排名前三的手机厂商三星、华为、苹果都拥有自研芯片，并投入使用或者试图寻找相应的替代零部件。

掌握行业标准的制定权，是非常强大的战略控制点，可以执行业之牛耳，可以确保企业中长期战略的成功，甚至影响到中长期的产业经济、社会发展乃至国家安全。但是，拥有行业标准往往也需要巨大的研发投入，极具挑战性，需要国家联盟、国家、产业链、巨头企业和生态链共同参与制定。

例如，第一代移动通信技术和行业标准被美国摩托罗拉把持，给美国和摩托罗拉带来了巨大的收益。

为了解决第一代移动通信技术本身的缺陷和摆脱美国对移动通信的控制，欧盟成立了一个多国参与的组织，开始研究及应用一个新型移动通信技术——GSM，这是第二代移动通信的行业标准。

美国不愿意失去对移动通信的控制权，高通研制了 CDMA 与 GSM 抗衡，从技术的先进性来说，CDMA 是领先 GSM 的。但是，由于错失了第二代移动通信市场的机会窗口，以及市场监管、技术成熟度和产业链配套成熟度等方面的原因，CDMA 并没有真正成为全球性的通信标准。与此同时，摩托罗拉等美国企业也失去了往日的辉煌。而爱立信、诺基亚、西门子、阿尔卡特等欧洲企业发展成为全球通信巨头，欧盟在世界范围的影响力不断增强。

后来，随着通信技术的发展和市场需求的变化，企业开始探索第三代通信技术。2000 年 5 月，国际电信联盟宣布中国主导的 TD-SCDMA 与欧洲主导的 WCDMA、美国主导的 CDMA2000 并列为三大 3G 国际标准。第三代通信技术标准 TD-SCDMA 令中国企业在通信行业标准上有了自主知识产权。

2005 年前后，全球掀起 4G 标准竞争热潮：欧洲主导的 FDD、中国主导的 TDD、美国推出的 WiMAX。最终，FDD-LTE 和 TDD-LTE 成为 4G 标准，WiMAX 逐渐退出了舞台。

4G 改变生活，5G 改变社会。2018 年全球首个版本的 5G 国际标准正式出炉，2019 年 5G 开始商用，新的征程已在眼前。展望未来，5G 最大的改变就是实现从人与人之间的通信走向人与物、物与物之间的通信，实现万物互联，推动社会发展。中国在 5G 产业链中占据了相对主导的地位（包括标准立项、标准必要专利），其中，华为公司是目前唯一一家提供 5G 全套解决方案的通信设备商——提供 5G 组网所需要的 5G 无线接入网、5G 承载网、5G 核心网、边缘计算、终端等。而且，华为目前的 5G 标准必要专利占比全球第一。美国把 5G 认定为"新的军备竞赛"，在全球范围内对中国的通信制造厂家（如华为、中兴通讯等）围追堵截，甚至不惜一切代价打掉其战略控制点。

几十年来，我国移动通信经历了 1G 空白、2G 跟随、3G 突破、4G 开始走向领先、5G 超越领先的发展过程，这也是中国通信产业逐渐构筑强大战略控制点，乃至拥有行业标准的艰苦奋斗过程。

**业务设计需要构筑多个（多维）战略控制点**

每一个战略控制点的设计都是为了让企业留在利润区内，并防止竞争对手分得其中的利润。一个优秀的业务设计至少有一个战略控制点，更优秀的业务设计往往有两个及以上的战略控制点。例如，富士康具有全生命周期的成本优势，也具有大规模、高质量交付的能力。华为的强项在于客户关系，在拓展海外市场时，公司逐步打造专利组合，制定行业标准，构建战略控制点。战略控制点越高，业绩的可预测性越高，估值越高。因此，企业需要对不同的业务设计的战略控制点不断加以拷问。

同时，战略控制点的构筑是有窗口期的，利用好窗口期对企业的发展会起到极大的促进作用，而把握住窗口期需要深刻的洞见与果断的决策。

## 风险管理

为了抢占市场先机，业务设计和战略决策往往是在掌握 60% ~ 70% 信息的条件下作出的。因此，业务设计和战略决策本身就是风险决策，需要做好风险管理工作。

风险是指可能发生的、潜在的，一旦发生会对业务设计及战略目标产生积极或消极影响的不确定事件或情况。风险管理的对象包括外部风险和内部风险。外部风险包括政策、产业风险，客户变更，需求变迁，供应中断，价格陡降，汇率风险等；内部风险包括技术实现、人才流失、产品进度滞后、成本超预期、关键物料缺货、生产能力不足等。

从实践看，笔者认为不少企业缺乏基本的风险管理意识和管理应对能力。不少企业对"灰犀牛"类风险视而不见，没有对此类风险的跟踪解决形成可执行的方案和计划，更谈不上提高对"黑天鹅"类风险的洞察和预防管理能力。[①]

因此，从全面的视角审视潜在的风险及其影响，尽可能规避和降低风险可能造成的危害，需要企业持续思考以下问题：

---

① "灰犀牛事件"主要指明显的、概率大却又屡屡被人忽视、最终有可能酿成大危机的事件。"灰犀牛"是与"黑天鹅"相互补足的概念，"黑天鹅事件"指极其罕见的、出乎人们意料的风险，比喻概率小却影响巨大的潜在危机。

- 如何保证对关系成败的不确定因素的识别、理解与管理？

- 引发风险的背后的根本原因是否被理解？

- 管理的风险是独立的还是系统的？

- 如何通过更好的风险管理增加成功的可能性，同时降低失败的可能性？

- 如何利用公司的其他业务部单元或职能部门更好地进行风险管理？

 …………

端到端的风险管理过程包括风险识别、风险评估、制定风险管理计划、风险跟踪与监控。风险管理的常见措施包括规避、承受、利用、减小和分担。高明的领导者要从已经发生的危机中吸取教训。

## 组织能力

正如前面所讲，企业在业务设计中，除了思考客户选择、价值主张、价值获取／盈利模式、业务活动范围、战略控制、风险管理之外，还要考虑组织能力。笔者认为，业务设计的前六个关键要素侧重于战略规划本身，而组织能力则是承载战略规划的执行方案。

参照前面所述的业绩差距和机会差距，业务设计有两类：

- 回顾及优化原有的业务设计。

- 开发和形成新的业务设计。

企业需要形成一些新的能力组合才能够满足这两类业务设计的要求。同样，业务设计的改变，必然会对企业提出新的能力要求。

因此，业务设计方法论本身就是规划和执行的统一体。如果业务设计没有匹配的组织能力来承接，业务设计就会被架空，流于形式，最终无法落地。如果组织能力不能满足客户需求，不能帮助企业抓住战略机会点和构建战略控制点，就没有存在的意义。

在这里需要说明一下，在BLM模型中，战略执行设计部分指的是在制定战略规划过程中，深入思考战略规划落地的执行方案，而不是指战略规划的执行方案的执行环节。战略执行设计部分基于关键任务与依赖关系、正式组织、人才、文化与氛围四个模块的内容来思考和强化战略规划的执行方案的可执行性、可落地性。这也为业务设计中的组织能力提供了更加结构化、更具操作性的思路和工具方法。

## ✥ BLM执行设计

如前所述，组织能力是成功应用内外部资源与各项技能，系统化解决问题并达成既定目标的能力。组织能力其实强调的是"铁打的营盘，流水的兵"，旨在建立一支能打胜仗、敢打胜仗的队伍。有一句话广为流传："华为学谁，谁死；谁学华为，谁死。"这句话反映了两个方面的观点：一是反映出华为具有强悍的组织能力，这也是华为的核心竞争力之所在；二是揭露了组织能力是不容易被模仿，也不容易被打造出来的。

　　任正非曾经说，没有资源保证的规划就是鬼话，这样的规划没有意义。围绕战略规划，企业需要解决和回答资源（尤其是关键资源）何时投入、投在何处等关键问题，正所谓"好钢用在刀刃上"。因此，企业必须理清战略规划（含业务设计）和组织能力之间的逻辑关系：

- 为保障战略／业务设计落地，需要哪些关键任务／重点工作？采取什么样的组织架构、管控模式与业务流程体系？
- 如何建立完善组织架构与管控模式，如何有效实施业务流程体系？
- 为保障公司战略落地，需要什么样的人员，需要具备什么样的能力？
- 如何吸引和引进人才，如何系统化地提升人员的专业化能力，如何评价、激励和保留人才？
- 为保障公司战略落地，需要在企业中倡导什么样的价值观和企业文化？
- 如何系统化地塑造公司价值观与企业文化？

　　也就是说，要沿着业务设计、价值创造流程、关键角色／关键岗位、组织、组织能力和绩效与激励政策这样的核心主线来解码组织能力的构建，确保战略（业务设计）落地。从更大的范围看，还应该包括组织文化和核心价值观的打造。

　　在 BLM 模型的战略执行设计部分，包含四个模块，分别是关键任务与依赖关系、正式组织、人才、文化与氛围。

## 关键任务与依赖关系

关键任务与依赖关系是满足业务设计和价值主张的要求所必须采取的行动。哪些任务是由我们来完成的，哪些任务可以由价值网中的合作伙伴完成？

组织间的相互依赖关系是有效的业务设计的基础。相互依赖关系包含但不限于内部成员、供应商（与交易相关的同盟者）、外包合作伙伴、顾客与渠道、兴趣社区／团体及影响者的互相依赖关系。对于每一方来讲，兴趣和动机是什么？相互之间的协同情况如何？在不损害消费者利益的前提下，什么样的方案能够保持与供应商的双赢关系？

关键任务的识别就像一个公司要打一场仗，需要关注几个关键点，有了这些焦点，公司上下才能够捏成一个拳头，在主航道搏击的时候才能力往一处使，实现力出一孔。也只有这样，才有打赢的可能。

关键任务是公司整个执行体系中最重要的起点，而关键任务本身的识别也是执行设计体系中挑战最大的事情。一般而言，关键任务／战略举措应该：

（1）是支持业务设计，尤其是价值主张实现的战略行动。业务设计及价值主张的实现首先要靠关键任务来承接，关键任务不是"务虚的空中楼阁"，不能停留在喊口号、吹嘘概念或者汇报 PPT 上，而必须是一系列的行动，能够支撑业务设计及价值主张的落地。因此，关键任务推导的核心逻辑是从 BLM 模型中的差距分析、市场洞察、战略意图、创新焦点及业务设计中分解和推导出来的。

在期望的业务设计完成之后，与原有的业务设计进行比较，识别出在执行中可能面临的挑战，进一步归纳、推导出支撑新业务设计落地所需要的关键任务，如表 3－8 所示。

表 3－8 期望的业务设计和原有的业务设计比较

| | 原有的业务设计 | 期望的业务设计 | 可能的执行挑战 | 关键任务 |
|---|---|---|---|---|
| 客户选择 | | | | |
| 价值主张 | | | | |
| 价值获取 | | | | |
| 活动范围 | | | | |
| 战略控制 | | | | |
| 风险管理 | | | | |

（2）可将重要运营流程的设计与落实包括在内。对照标杆实践，不当鸵鸟，敢于亮剑并超越；抓主要矛盾和矛盾的主要方面，有重点地突破（瓶颈突破）。最终描绘出战略地图：从财务、客户、内部运作、学习与成长四个层面定义目标，层层递进，让战略举措更为系统、有力。

（3）是连接战略与执行的轴心点，正好贯穿战略的制定到执行。对商业本质、关键矛盾及成功路径有深刻认识后，才能定义关键任务。

（4）是执行（关键任务、人才、正式组织、文化与氛围）的基础。

（5）是年度性的，可按季度跟踪衡量。

关键任务并非操作性任务，而是突破影响目标达成的瓶颈的任务或关键里程碑式任务，这些任务不完成，目标就很大概率完不成，需要重点关注，跟踪管理。任正非要求各级业务干部不断抓住业务的主要矛盾和矛盾的主要方面，这些主要矛盾和矛盾的主要方面就是关键任务。

正如前面所讲，华为的3～5年中长期战略规划方法论是BLM模型，因此，这里的关键任务一般特指支撑企业未来3～5年战略目标/业务设计实现的战略举措，它的时间跨度是3～5年的中长期。

当然，企业既要研讨和梳理未来3～5年的中长期战略举措，又要研讨和明确年度重点工作。大部分年度重点工作相对容易管理，而未来3～5年的中长期战略举措因为时间跨度较长难以管理，那么应该通过什么样的方式来落地？下面通过一个案例予以说明，如表3-9所示。

表3-9 华为2014年的关键任务清单示例

| 关键任务 | 负责人 |
| --- | --- |
| 关键任务1：终端领域继续战略突破，5年销售突破1 000亿美元 | 余承东 |
| 关键任务2：解决劳资分配关系，落实3∶1 | 胡厚崑 |
| 关键任务3：建立适应领先者的人才结构 | 胡厚崑 |
| 关键任务4：建立项目型组织，落实让听得见炮声的人决策 | 郭平 |
| 关键任务5：继续加大前沿研发的战略投入，避免颠覆性创新的冲击 | 徐直军 |
| 关键任务6：继续建设欧洲第二本土市场 | 李杰 |

每一项3～5年的中长期战略举措，都有一个公司级领导负责。比如，2014年华为公司确定的一项战略举措为：终端领域继续战略突破，5年销售突破1 000亿美元，这个战略举措的负责人是余承东。余承东认领这项战略举措任务之后，就组织各个部门进一步分解，他在每个年度、每个季度进行任务管理和跟进。该战略举措/关键任务对应的年度重点工作细化如下（示例）：

- 产品：P 系列和 M 系列按时发布。

- 品牌：建设受消费者喜爱的品牌。

- 渠道：渠道穿透到三四线城市。

- 供应：构建柔性供应体系。

- 区域：欧洲重点国家的市场份额达到 15% 以上。

　　…………

对于中长期战略举措，既有指标管理、马拉松式管理，也有颗粒度足够小的任务管理。这是两个维度，但并行不悖，尤其重视在第一个年度的战略解码中的年度重点工作梳理及经营管理监控。

关键任务展开阐述，请参考如图 3-12 所示的模板。

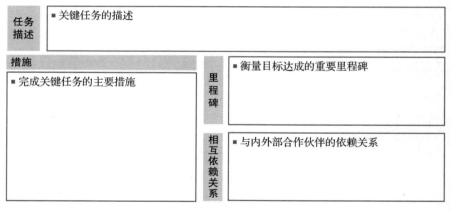

图 3-12　关键任务阐述参考模板

## 正式组织

德鲁克曾经说过，组织就是要让平凡的人也能干成不平凡的事。

正式组织是指为确保关键任务和流程有效执行，建立相应的组织结构、管理和考核标准，包括人员单位的大小和角色、管理与考评、奖励与激励系统、职业规划、人员和活动的物理位置，以便指导、控制和激励个人和集体去完成团队的重要任务。

正式组织是一切战略的载体，组织充满活力是实现战略目标的必要条件。正式组织支持关键业务的执行。正式组织完整的内容包括：

- 组织架构、业务流程和管理体系；
- 资源和权力在组织中的分配 – 授权、行权与问责、决策流程、协作机制、信息和知识管理；
- 关键岗位的设置和能力要求；
- 管理和考核标准，包括管理幅度和管理跨度、管理与考评、奖励与激励系统、职业规划、人员和活动的物理位置。

组织是企业战略落地的保障。在《华为公司人力资源管理纲要 2.0 总纲（公开讨论稿）》中，华为确立了"客户与战略决定组织"的组织管理理念，形成了"责任聚焦、分权制衡"的管理原则和"弹性投入、考核促产、协同共进"的管理机制，构建了客户、产品与区域三维度协同作战的组织平台。

华为的正式组织构建遵循以下原则。

**客户 / 战略决定组织，组织反哺战略**

这个原则解决组织设立和存在的必要性问题。组织建设和存在的根本价值是为了战斗，为了胜利。企业需要根据战略（包含战略意图、创新焦点、业务设计及关键任务等）及其发展阶段的变化进行组织审视与变革。

客户决定组织。要从为客户创造价值、以客户需求为中心、客户方便和我们做生意的角度来设置组织，形成高效、简洁的客户界面。为此，企业需要通过整合组织资源和提升运营效率更好地匹配客户，并且全面地和客户的相关运作流程相匹配。曾经有咨询公司建议华为在运营商业务领域按产品线实行功能封闭的运作，但是华为没有设置这样的事业部。因为这样做会导致同一运营商面对和协调华为多个事业部，把客户资源割裂，给客户造成很大的困扰，违背了以客户为中心的初衷。因此，华为采用"拧麻花"的方式设置组织，并非按照区域销售 / 区域客户或产品线维度全部打通，而是按照双利润中心运作。区域销售组织和产品线组织是华为两大利润中心，是经营单元。华为通过产品线运作管理部和公司运作管理办公室的两级协调组织来协调和控制公共平台资源，包括供应链、交付、技术支援、产品行销等等。

组织的设置充分体现服务于战略意图，并与业务模式匹配。如前面所述，企业未来的业务组合有四种：H0 衰退业务、H1 成熟 / 核心业务、H2 成长业务和 H3 新兴业务。因此，一个并行、灵活的组织至少是新业务和当前主要业务并存的"二元组织"——至少要求两种业务具有不同的流程、组织结构、文化和人才。

与新业务配套的是创新型组织，其承担新业务的试验和探索任务，面临着许多风险和失败。因此，对于创新型组织，应要求快速响应市场脉搏，快速迭代业务模式，采用敏捷开发的管理模式，对于关键人才"使用而不拥有"。考核关键里程碑事件的达成情况、资本的估值而非销售收入，这符合业界及资本的规律。当然，创新型组织面临的更隐蔽的挑战是组织文化与氛围。

与当前成熟业务配套的是运营型组织。这就要求对运作流程进行渐进式优化和提高，持续"拧毛巾"以提高运作效率，追求运营结果的贡献。

华为消费者业务战略是自 2011 年起从白牌手机生产厂家转型为自有品牌厂家，战略意图是使华为手机摆脱低端、丑陋的品牌形象，打造成为媲美甚至超越苹果手机、三星手机的品牌，成为全球消费者最喜欢的、体验最好的手机。这就要求华为消费者业务尽快提升自己在工业设计、美学研究及用户体验等方面的组织能力。后来，华为先后在法国巴黎、韩国、日本、意大利米兰等地成立了美学研究中心、工业时尚设计能力中心、UI 能力中心、设计研发中心，利用这些地区的卓越优势和人才，对自身品牌和产品进行提升，致力于把最新最潮的科技产品与艺术融合起来，让消费者感受到科技之美。

组织反哺战略。任正非说过，用组织的确定性沉淀经验智慧，用经验智慧的确定性应对市场的不确定性。不少企业在发展的过程中积累了比较有优势的核心能力，如技术专利、保密配方及特殊工艺、人才队伍、管理体系势能等。

"核心竞争力"一词最早由美国学者普拉哈拉德和加里·哈默尔于 20 世纪 90 年代在《哈佛商业评论》上发表的《公司核心竞争力》中提出。所谓核心竞争力，是公司协调不同产品的能力，以及把多种技术整合在一起的能力。公司的真正优势就在于管理层能够把整个公司的技术和生产能力整合到核心竞争力中，使各项业务应对不断变化的机遇。我们可以将多元化公司想象成一棵树：树干和几个大树枝是核心产品，较纤细的树枝是业务单元，树叶、花与果实则是最终产品。为大树提供养分和起支撑稳定作用的根系，就是公司的核心竞争力。

在战略转型中，企业如果能够找到让已有核心竞争力重新焕发出生命力的新业务机会，核心竞争力复制程度越高，新业务成功率越高。华为当年进入手机处理芯片设计领域，而没有进入手机屏幕等领域，正是基于华为认为自身核心竞争力是数学逻辑而非物理化学。

**组织变革方向：打造流程型组织**

业务流程的灵魂是为客户创造价值。客户需求的变化导致业务流程必须不断优化，因此，组织必须适当调整以适应客户需求的变化。

业务流程承载战略及业务的要求，组织必须支撑业务流程的高效运作。在完成业务设计和梳理关键任务之后，企业会发现：有些关键任务现有业务流程不支撑，有些关键任务对现有业务流程提出了更高的运作要求，还有些关键任务可能要求对一些现有业务流程进行重整，甚至摒弃。当组织和业务流程不匹配时，需要调整组织适应流程，组织只有在流程中创造价值才能获得成长机会。

华为组织变革的方向是构建以客户为中心的流程型组织。流程型组织是通过梳理和构建端到端的价值创造流程，围绕流程来构建组织，沿着流程进行权力、资源和责任的分配。

华为高度重视业务线和职能线组织能力的建设和组织协同，强调业务线主战，"让一线听得见炮声的人来呼唤炮火"，同时承担"呼唤炮火"的成本；而职能线主建，要提供"合格的炮火"给业务线使用。

华为借鉴美国国防部以PPBE（规划、计划、预算与执行系统）为核心的领导管理体制。传统的军队是既"养兵"又"用兵"，两个流程重叠在一起，这种模式适合大规模、集团化作战，但层层传递容易降低运行效率。美国将军政流程与军令流程分离，提高了组织的灵活性及一线作战反应能力。

2014年，华为围绕"共同为客户创造价值"的思路，在重新定义三会（股东会或股东大会、董事会、监事会）治理结构的基础上，将业务组织架构逐步调整为基于客户、产品和区域三个维度的组织架构。集团职能平台是聚焦业务的支撑、服务平台，向前方提供及时、准确、有效的服务；运营商、企业、消费等BG组织，区分不同客户群，针对其不同的商业规律和经营特点指挥作战。

华为也经历了组织变革，从原来中央集权的方式，改变为一线运用权力指挥战争、聚焦目标；后方把握方向、制定战略，形成良好的支持平台，从而聚焦价值创造，简化管理。华为组织构建的主要原则就是小前端大平台、指挥权与管理权分离。指挥权前移，管理权主要体现在服务支撑和能力建设上。最后实现的是班长的战争，以"铁三角"为作战单元。前方放开手，后方手放开。就形式来看，华为呈现出一个高效的"蛇形"流程化组织。蛇头灵活出击，蛇身有力支撑。最后实现的结果就是权力向前倾斜，使得面向客户界面的作战单元权力越来越大；资源向后聚集，使得提供炮火支援的平台能力越来越强。

华为构建授权、行权和监督的管理机制，明确相关主体的责任。授权的目的是使责权对等，保证业务效率。行权是责任履行的过程，要求规范当责。监督的目的是让干部员工"从心所欲不逾矩"，经得起审计。根据"班长"所负责项目的类型和重量级，授予"班长"相应的人权、财权、事权，以快速、灵活地响应客户需求。

## 人才

1997 年，在《华为基本法》的起草过程中，起草小组的一位教授问任正非："人才是不是华为的核心竞争力？"任正非的回答出人意料："人才不是华为的核心竞争力，对人才进行管理的能力才是企业的核心竞争力。"

华为认为人才是资本，而非成本。华为强调人力资本增值优先于财务资本增值。该怎样理解这句话呢？

首先，资本可以通过抓住战略机会点来实现增值。用任正非的话来说，"抓住了战略机会，花多少钱都是胜利"。因此，任正非要求"敢于在机会窗开启的时期，聚集力量，实施饱和攻击，加强组织能力和战略后备队伍建设，不拘一格用人才，对各级优秀干部赋能，并通过组织变革支持战略的实施落地"。围绕战略机会点的获取和战略控制点的构建，抢先于竞争对手在人才上投入，甚至是垄断人才，这种先期投入从财务报表看会减少当期利润，但是无疑为未来的增长和收益夯实了基础。

人才是应对未来关键业务挑战和差距，特别是应对不确定性，构建公司持续竞争力的核心。如今，作为一家真正全球化的企业，华为放眼全球，"炸开金字塔，一杯咖啡吸收宇宙的能量"，"引进明白人带起来聪明人"，进行全球化能力中心布局：在战略资源聚集的地区构建战略能力中心。华为先后在印度、瑞典、美国、俄罗斯、意大利、以色列、法国、英国、日本、韩国等建立了能力中心，形成全球化的人才生态链，最大限度网罗黑天鹅，捕捉黑天鹅带来的 ICT 科技跳变。例如，众所周知，意大利米兰是世界时尚之都，但知道米兰还是著名的微波之都的就不多了。米兰拥有非常深厚的微波技术沉淀，每年都有顶尖的高校源源不断地输出微波高级人才，拥有完整的微波研发、生产等相关的上下游产业链。因此，像西门子、爱立信等企业均在米兰设立微波研发机构。华为为了雷纳托·隆巴迪（Renato Lombardi）这位业界权威在米兰专门成立了华为微波研究所，原因是他希望离开西门子加入华为后仍在米兰工作。雷纳托·隆巴迪的微波研发团队在十来年的时间里就把华为的微波技术提升到全球第一的地位。雷纳托·隆巴迪现在是华为首席微波专家，也是华为公司 Fellow、ETSI 毫米波联盟主席。随着 5G 大规模的组网商用，运营商采用 5G 微波建网，可以将建网时间缩短 70%，降低近 40% 的 **TCO**（Total Cost of Ownership，整体拥有成本）。第三方数据显示，在全球的微波传输市场，华为市场份额达到近 35%，力压诺基亚和爱立信，可见华为的微波技术确实做到了引领的地步。

其次，华为认为"认真负责和管理有效的员工是华为最大的财富。尊重知识、尊重个性、集体奋斗和不迁就有功的员工，是我们事业可持续成长的内在要求"（《华为基本法》第二条）。

怎样做到管理有效？华为认为"最大的浪费是经验的浪费"。通过总结前人犯过的错、踩过的坑，并将其优化和固化在流程体系中，将经验复制和传承下去，是人力资本增值的高效手段。

最后，华为不迁就人才，通过适度的人才"冗余"和储备激发组织活力。华为人才储备实行的是长板凳计划，每个人随时可能被"替换"，倒逼人才持续作出更大的价值贡献。需要提醒的是，华为不是不重视人才，而是认为人才的价值发挥需要一个高效运作的平台，成熟的管理体系能够让人才发挥更大的效率。人才管理体系能够持续支撑业务的增长和供应满足业务需求的人才。正因为华为有这样的平台，人员进来就必须提升自我。这就叫"蓬生麻中，不扶自直"。这样，就能把秀才变成士兵，把士兵变成班长，把班长变成将军。

关键人才及其技能提升对企业的战略实施尤其重要。华为有三支关键人才队伍：干部队伍、专业员工队伍、新员工队伍。这些人才队伍的发展促进公司的盈利与增长，是华为持续成功的关键要素。

在华为人才发展的金字塔模型中，左边是管理人才发展通道，右边是专业人才发展通道，都有各自对应的任职资格标准和人才"选、用、育、留"流程，牵引各类人才的成长和职业发展。任职资格是华为的一项管理创新，是针对相应层级岗位的员工能力的一个评估体系。任职资格最基本的目的是因才施用，任职资格是人岗匹配的前提条件。

"政治路线确定之后，干部就是决定的因素。"任正非认为，管理的最高境界不是管理者，而应该是领袖，领袖是有思想、能洞察未来、懂战略的人，华为要培养自己的思想领袖和战略领袖。

华为认为干部队伍是业务发展与组织建设的火车头。干部担负着公司的管理责任，通过管理，面向市场做要素整合，支撑公司商业成功和长期生存。干部的使命与责任，就是践行和传承公司文化和价值观，以文化和价值观为核心，管理价值创造、价值评价和价值分配，带领团队持续为客户创造价值，实现公司商业成功和长期生存。因此，华为根据组织的战略导向挑选合适的干部，选择合适的干部引领组织和变革的成效。例如，为了应对消费者业务从 ODM 到自主品牌转型的挑战，华为选择余承东担任负责人。

华为将组织划分为收入中心、利润中心、投资中心、费用中心等责任中心类型。不同的责任中心的定位和责任是不同的，对负责人的要求也不同，对应的考核亦不同，这就是差异化管理。

在同一种类型的责任中心，也需要根据不同的业务诉求和特点来选择合适的干部。例如，同为利润中心的两个代表处，对应的业务特征是不一样的。一个可能面对已经占比很高的市场，存量市场非常大；另一个可能面对刚进入的新兴市场，市场环境和前者完全不同。因此，这两个代表处的负责人的经验、能力特征差异非常大：前者更多地要求市场渗透、精打细算的经营管理能力；而后者更多地要求对市场高度敏感、擅长建立客户关系和进取"破局"的能力。

任正非说，华为干部不是终身制，公司不会迁就包括本人在内的任何人，末位淘汰是日常绩效考核工作体系，烧不死的鸟都是凤凰。华为确立了"干部是自己打出来的"这一干部选拔理念，形成了在成功实践中选拔干部、在关键事件中考察干部、在战斗中磨砺干部的干部管理机制，打造了一支具有高度使命感和责任感，敢于担当、勇于牺牲，能引领组织前行的"火车头"队伍。因此，华为的干部管理采用的是"选拔制"和"淘汰制"，而不是"竞聘制"和"培养制"。

华为的干部选拔实行"三优先"原则：

一是优先从成功实践和成功团队中选拔干部。干部的使命和责任是胜利。只有敢于胜利和取得胜利才能不断激活组织与干部体制。华为强调要从有成功实践经验的人中选拔干部，"宰相必起于州部，猛将必发于卒伍"。没有基层实践经验的机关人员，不能直接选拔为行政干部，不能让不懂战争的人坐在机关里指挥战争。是否具备基层一线成功实践经验、项目管理成功实践经验，是干部选拔标准的排他条件。

二是优先从主攻战场、一线和艰苦地区选拔干部。优秀的干部必然产生在艰苦奋斗中，大仗、恶仗、苦仗一定能出干部。

三是优先从影响公司长远发展的关键事件中考察和选拔干部。所谓关键事件中的表现，主要是指组织利益与个人利益冲突时的立场与行为。核心员工是那些在公司面对危机或重大内外部事件时可以信赖和依靠的员工群体，是一群与公司同呼吸、共命运，在各层各级各类岗位上忠实履行职责和持续奋斗的员工。责任结果导向的责任不是空洞的、仅凭主观判断的，是可以通过关键事件客观评价的。

华为对专业人员，尤其是专家的价值定位是以解决重大技术问题、开展客户价值创新、经验输出共享和人员培养"传帮带"这四个方面为责任结果导向的。华为基于"业务战略—人才需求—岗位要求—人才梯队"（简称"四点一线"），梳理、规划专家需求，培养、发展专家队伍。

华为对于专家类人才强调必须有成功的实践经验，而且不断在垂直循环工作的过程中滚动选拔、自然淘汰。

华为用任职资格体系来牵引人才的发展，设立了公司级各专业委员会，这是任职资格体系核心的管控机制。专业人才如果能力达到了要求，业绩也达到了要求，高一级专业岗位有空缺，就有机会调配，得到更高一级的薪酬和待遇，当然也承担相应的职责。

华为非常重视应届毕业生的招聘，每年都会派出重量级高管亲临各大高校举办招聘宣讲会。华为为每一位新员工准备了分阶段培养项目，针对不同职类、不同部门提供定制化培养内容，通过多种教学方式，将工作中会遇到的业务场景、产品知识、专业技能等方面的难题各个攻破。为新员工配备经验丰富、聪敏能干的导师，通过为期六个月的悉心辅导，促使新员工快速融入环境，成功实现从"秀才"到"士兵"的转身。

华为在人才梯队建设上，坚持优胜劣汰的赛马文化，鼓励优秀人才脱颖而出，及时清理低绩效与惰怠员工。在学习与发展方面，华为坚持员工对自我发展负责，通过任职资格牵引，训战结合、实践发展的方式提升人才的岗位技能，构建起比较完善的人才管理体制。

华为的人才培养理念是"最优秀的人培养更优秀的人"。因此，华为的中高级人才除了要完成工作目标，还要完成人才发展目标。华为通过战略预备队的训战，来实现员工的知识更新和能力转型（而非通过大规模裁员的方式）。

华为呼唤更多人在最佳时间以最佳角色作出最佳贡献，公司也给予最好的回报。评价人才，不按资历，不看关系，不搞平衡，只看责任贡献，差距拉得非常大。

华为在人才管理政策上落实"以奋斗者为本"的核心价值观。在战略管理体系中，除了强调在目标和计划上努力做到力出一孔，还强调利出一孔。利出一孔的"利"其实就是每一位员工所关心的自身利益和追求，就是员工努力实现组织目标和个人目标之后所获取的回报。

华为在价值评价上强调责任结果导向。在价值分配上向奋斗者倾斜，按贡献合理地拉开分配差距，甚至通过对长期贡献的追溯，进行合理补偿，确保"不让雷锋吃亏"。因此，华为建立起具有市场竞争力的工资体系和短期激励体现绩效结果、长期激励分享公司发展成果的薪酬结构，及时回报人才的创造贡献。

此外，不同层面人员的需求是不同的，其所期望的激励更是不同的。承认人性的多样化，对不同的员工采取不同的管理手段，从而让他们最大限度地发挥价值。华为所倡导的"高层要有使命感，中层要有危机感，基层要有饥饿感"的激励导向和"高层砍掉手脚，中层砍掉屁股，基层砍掉脑袋"的组织文化，很有借鉴意义。

不少企业在制定未来 3 ～ 5 年的中长期战略规划时，经常忽略对关键人才的规划部署。兵法云：兵马未动，粮草先行。对于关键人才的储备须在新业务开展之前完成。例如，华为在开拓 Cloud & AI 业务的时候，就面临云和计算业务的技术人才和专业人才不足的难题。关键人才的补充怎样完成？第一，内部选拔和培养；第二，外部招聘，尤其是吸纳标杆企业的专业人才。

人才是战略执行设计中的一个核心模块，也是不可或缺的环节。因此，在战略执行设计中，需要识别业务设计及关键任务、正式组织对人才的需求，进而明确人才的能力标准，对人才的结构、质量和数量进行规划。明确人才策略、人才需求、人才培养与发展、人才激励与保留等核心要素，为后续做好人才的选、育、用、留打下基础。具体内容包括：

- 围绕业务设计及关键任务、正式组织，需要哪些关键岗位——人才与战略匹配的差距及挑战识别，尤其是关键干部与专家的领域和地域分布是否支撑未来业务战略的实现。
- 人才需求的详细定义（关键岗位和人才布局有什么要求）。
- 关键岗位人才模型，人才和能力的差距及挑战——欠缺哪些能力。
- 获得——内部获取，及时培养，外部获取。
- 激励与保留。

特定业务设计和战略举措对人才期望有特定需求。例如，某企业原来的主要业务是售卖产品，后来发现客户需要一揽子解决方案。如果该企业决意向解决方案服务转型，那么，需要识别与新的业务设计匹配的人才能力，如"新型的客户拓展及关系管理"、"解决方案需求洞察和分析"、"解决方案业务规划"及"解决方案的设计和开发"等。这些新的能力标准将应用到内部人才任用、培养提拔和外部人才招聘中。

流程角色是在流程中承担一系列活动的责任的主体。新的战略目标、关键任务对业务流程提出新的诉求，最后需要具有足够专业能力的流程角色来解决，进而对相应的人才提出新的能力要求。例如，集成产品开发（IPD）管理变革，对产品线总裁、产品经理、项目经理、需求分析和产品规划专家、系统工程师、新的开发领域的工程师、IPD 管理专家、质量管理专家和其他领域的核心代表及专家（如制造代表、制造工程专家等）等关键角色提出了新的或更高的要求。识别出在每一个价值创造流程中执行价值创造活动的关键角色及其能力要求，为后续的人才盘点和人才管理工作提供最重要的输入，是未来组织能力建设的重点。

从战略导向解码、输出人才结构性优化方案到执行落地，形成战略、组织和人才相互促进、相互成全的良性循环。在人才管理中，需要持续思考如下问题：

- 新的业务设计、关键任务及组织流程对管理干部、业务骨干提出了哪些新的挑战和要求？

- 当前业务处于什么发展阶段？当前现状和目标之间最主要的差距是什么？造成差距的原因是什么？会带来什么样的影响？

- 新业务的关键岗位的领导力如何发展？

- 基于公司现有人力资源投入和布局分析，现有员工队伍支撑业务发展的能力优劣势和差距有哪些？如何创造性地培养和构建所需的能力？

- 企业已经具有哪些关键人才和能力，还需要补充哪些关键人才和能力？

- 如何引入、激励和留住"明白人"？
- 现有激励机制是否有效调动组织、干部和员工的积极性？如何防止关键人才流失？
- 需要什么样的激励机制支撑新业务、新组织的发展？
- 基于主要竞争对手的人力资源投入和布局分析，有哪些方面值得学习借鉴？

············

## 文化与氛围

如果说正式组织决定了关键任务落地"顺不顺"，人才队伍决定了关键任务"能不能"完成，那么，文化与氛围就决定了组织和人才"愿不愿"为关键任务全力以赴。

华为之所以能够以"占领上甘岭"和彪悍彻底的执行力闻名于世，缘于华为独特的企业文化。可以说，"以客户为中心""以奋斗者为本"企业文化的有效落地支撑着华为极强的业务执行力。

文化是行为的"潜规则"，是长期形成的。组织文化是一个组织由其价值观、信念、仪式、符号、处事方式等组成的特有的文化形象。当这种文化建立起来后，会成为塑造内部员工行为和关系的规范，是企业内部所有人共同遵循的价值观和行为规范。

任正非认为，企业文化是围绕着商业利益来构建的，因此企业文化归根到底也是要为企业盈利这一经营目的服务的。

组织氛围是量化一个组织的文化的过程，它是一组工作环境的属性，并由员工直接或间接地感知。

组织氛围被认为是影响员工行为的主要力量，尤其深受直接主管的影响。在华为流传的一句话——"因华为而来，因主管而走"，就是主管影响组织氛围的写照。

不少管理者认为，文化与氛围、核心价值观比较"务虚"，没有实际工作安排那么"务实"，可能对组织绩效没有实质性的推动作用。实则不然，积极的文化与氛围更能激发人们创造出色的业绩，更有勇气，更加努力。根据专业的调研，文化与氛围对绩效结果有非常显著的影响。在有朝气、生机勃勃、充满正能量的组织中，如果组织的文化与氛围和员工能"同频共振"，员工就能被激发出近 30% 的超水平发挥。与之相反，如果员工在受到挤压打击、口是心非的工作氛围中，其工作绩效会打折，甚至可能出现对组织造成负面影响的事件。因此，管理者应该努力创造良好的工作环境，以激励员工完成关键任务，并在危急时刻鼓舞他们。

华为的员工能够长期艰苦奋斗，持续为客户创造价值，并非具有先天性的"奋斗"基因，而是由于华为有"以奋斗者为本"的文化氛围和价值链管理机制。如前所述，华为早期的"内部融资，员工持股"股权激励制度存在不合法和不合理的地方，随着业务的持续发展，为了限制不断扩大的"食利阶层"，激发"沉淀层"活力，2001 年，华为启动股权改革，将原有的员工股权改造为"虚拟受限股"。经华为股东大会通过的《华为技术有限公司虚拟股票期权计划暂行管理办法》明确规定，员工持股为虚拟受限股，只享有分红权和股价升值权，没有所有权和表决权，不能转让和出售，离开企业自动失效。2008 年，华为微调了虚拟股制度，实行饱和配股制，规定员工的配股上限，每个级别达到上限后，就不再参与新的配股。2013 年之后，华为逐步采用 TUP（时间单位计划）制度来替代虚拟股制度。TUP 即预先授予一个获取收益的权利，包括分红权和增值权，但收益需要在未来 N 年中逐步兑现（也可以跟业绩挂钩），同样，它与所有权性质的股权没有关系，TUP 的权利兑现后自动销毁，以五年为一个周期。

华为激发组织活力的方法既有正向的激励机制、赛马机制，又有负向的末位淘汰机制。对员工的绩效、工作态度、任职能力进行评价，这三项中任何一项出现问题，都有可能被淘汰。

文化与氛围是为了更好地支撑战略转型的落地，在 BLM 模型中，有四个杠杆可以帮助撬动企业的文化和氛围，它们分别是：

- 参与：鼓励人们作出选择，鼓励参与，提升组织内员工与团队的参与度，加速组织氛围的调整。

- 领导力：通过针对中高层管理者或者特定人群的领导力发展项目，来改变当前的组织氛围。管理者应做到言行明确并始终如一。

- 信息和沟通：确保公司内信息互通，提高组织内部信息传递和沟通的效率，不断地传导公司的导向。

- 奖励：正向激励所期待的行为表现。

2011 年，华为消费者业务开始从白牌厂家向自主品牌厂家转型，华为也开始转向开放。任正非在一次内部讲话中明确表示："在舆论面前，公司长期的做法就是一只把头埋在沙子里的鸵鸟，我可以做鸵鸟，但公司不能，公司要前进。"华为的原则是以客户为中心，只是以前的客户是运营商，不需要面向消费者，而现在的企业业务和消费者业务都需要面向大众。因此，华为不再像以往那样对外界"不搭不理"，而是开放地和外界互动交流，实施了华为高管开通微博、干部每年至少一天在销售门店站台服务消费者等一系列杠杆动作，来撬动华为从 B2B 向 B2C、B2b 业务转型的组织氛围的调整。

BLM 模型是企业用于战略制定和执行的一套方法论，原则上要求企业从上到下所有管理者均需要掌握，覆盖到每个部门，最终形成公司全体人员进行战略管理的"共同语言"。

"路漫漫其修远兮，吾将上下而求索。"BLM 模型从引入、应用、固化到优化不会是一个短暂的历程，也不仅仅是某个领域、部门或者管理人员负责的范畴。

在 BLM 模型导入和应用的过程中，笔者建议企业根据自身在战略管理上的主要问题来确定管理变革的重点和节奏，可以先从最直接与客户接触的界面领域（地区部、代表处、系统部、产品线等）开始，逐渐导入和应用到战略部、研发部、供应链管理部以及财经管理部、人力资源管理部。在这个过程中，各组织的业务管理团队需要谨记"战略是不能被授权的"，战略管理的责任主体还是业务管理团队。

第四章

# 战略解码（年度业务计划）

从战略规划（年度业务计划）到战略执行的核心秘诀是"一分规划，九分执行"。不能被落地执行的战略都是口号，战略执行要落在年度业务计划中。但是，大部分企业的战略规划在汇报完成后，就被当作文件放进抽屉，员工原来干什么现在依旧干什么，战略规划并没有在年度业务计划中落地。因为年度业务计划各环节没有相互支撑，机会、目标、策略、预算、人力、KPI/PBC不是一盘棋，枪声一响，战略作废一半。因此，卓越的战略执行力是公司高管面临的头号挑战。

在业务领先模型（BLM）中，要找出为支撑战略意图及新的业务设计需要采取哪些关键任务。但是，在实践中，从业务设计到关键任务与依赖关系，中间还缺少富有逻辑和可操作的方法论。因此，对大部分企业来说，仅仅导入和应用BLM模型的11个模块（分别是差距分析、战略意图、市场洞察、创新焦点、业务设计、关键任务、文化与氛围、人才、正式组织、领导力和价值观）是远远不够的。

# ⊕ 三次战略解码

笔者认为，在战略管理体系中，存在至少三次战略解码，如图 4 - 1 所示。

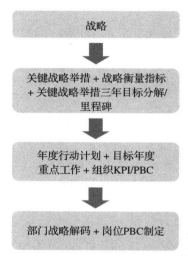

战略

↓

关键战略举措 + 战略衡量指标 + 关键战略举措三年目标分解/里程碑

↓

年度行动计划 + 目标年度重点工作 + 组织KPI/PBC

↓

部门战略解码 + 岗位PBC制定

图 4 - 1　三次战略解码的框架示意图

- 第一次战略解码是战略规划阶段的战略解码，即通过双差分析、市场洞察、战略意图、创新焦点及业务设计，业务管理团队研讨和梳理出关键任务，进而将其落实到正式组织、人才、文化与氛围中。周期为未来 3～5 年。

- 第二次战略解码是将战略规划解码为年度业务计划。在公司总体预算的纲领下，通过与周边部门协调沟通，结合战略规划的战略安排，落实来年的资金预算和人力部署，同时对具体的重大市场机会详细分析并推动落实，保证行动和策略的一致性。

- 第三次战略解码是部门层面的战略解码和岗位的绩效计划制定。这是将组织的战略规划和解码内容向其所属的下级组织和基层岗位进行解码并制定相应 PBC 的过程。

笔者认为，战略解码不是战略规划，也不是战略执行；不仅仅涉及战略地图、平衡计分卡，还是衔接战略规划和战略执行的关键桥梁。

从实践角度，战略解码是通过可视化的方式，将企业未来 3～5 年的战略规划转化为下属部门及全体员工（含总经理、副总、各层级部门负责人及基层员工）可理解、可执行的行为，并且清晰定义绩效目标，确保各组织之间的目标协调一致，同时帮助执行层去理解战略并找到与自身价值的关系的过程。

只有这样，未来 3～5 年的战略规划才可以真正落地。因此，战略解码是持续激发组织活力，做到所有成员力出一孔的目标管理。

战略解码需要按照一定的框架来保证战略规划在整个公司的层层解码中达成共识且可执行。战略解码的关键过程及主要输出内容如图 4-2 所示。

- 公司层面的战略澄清。主要输出内容有：确定公司使命、愿景、目标（1～3 年或 1～5 年）；明确战略方向及其运营定义、输出公司战略澄清图（战略地图）；公司平衡计分卡设计；输出公司年度重点工作。

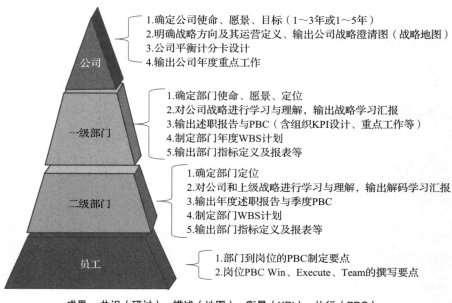

成果 = 共识（研讨）+ 描述（地图）+ 衡量（KPI）+ 执行（PBC）

图 4-2 战略解码的关键过程及主要输出内容

- 一级部门层面的战略解码。主要输出内容有：确定部门使命、愿景、定位；对公司战略进行学习与理解，输出战略学习汇报；输出述职报告与 PBC（含组织 KPI 设计、重点工作等）；制定部门年度 **WBS**（Work Breakdown Structure，工作分解结构）计划；输出部门指标定义及报表等。

- 二级部门层面的战略解码。主要输出内容有：确定部门定位；对公司和上级战略进行学习与理解，输出解码学习汇报；输出年度述职报告与季度 PBC；制定部门 WBS 计划；输出部门指标定义及报表等。

- 基层员工的 PBC 制定。主要输出内容有：部门到岗位的 PBC 制定要点；岗位 PBC Win、Execute、Team 的撰写要点。

在战略解码整体框架中，对商业本质、关键矛盾及成功路径有深刻认识，才能定义战略举措与关键任务。企业需要将战略逐层分解为可执行、可管理的关键战略举措、战略指标、重点工作，企业资源聚焦关键战略举措、年度重点工作，目标一旦确定，集中全力实现。战略解码的过程就是战略对齐、战略落地的过程。

没有路径和打法的战略是无效的，所以战略解码的核心在于共识和可执行，包括目标承接、战略路径、关键业务流程、系统瓶颈、组织依赖关系协同等。

好的战略解码既给大家发望远镜，还让大家都清楚自己的工作重点，同时建立起很好的组织协同，保证长期的关注以及短期的聚焦。

华为在战略解码上借鉴标杆企业的优秀实践，尝试过很多方法和工具，例如，**BSC**（Balanced Scorecard，平衡计分卡）、**OKR**（Objectives and Key Results，目标与关键成果法）等方法。华为进行战略解码的主要方法是 BEM（业务执行力模型）。

## ✥ 战略解码 BEM 的原则

战略解码有如下四个基本原则。

- 对公司战略和业务目标的支撑：以公司战略和部门业务目标为基

础，自上而下垂直分解，自下而上承接，公司→体系→部门→岗位，保证 PBC 承接的一致性。

- 对业务流程的支撑：以公司端到端业务流程（为客户 / 市场创造价值）为基础，建立起部门间的连带责任和协作关系，保证横向协同一致（水平一致性）。业务流程的根本价值是为客户创造价值，每一个组织更需要从业务流程的视角思考如何支撑业务流程的高效运作。

- 指标选取应均衡考虑并体现部门的责任特色：指标选取应结合平衡计分卡的四个维度和公司导向、部门责任，均衡考虑所选指标（均衡性和导向性）。

- KPI 指标责任分解矩阵：落实部门对上级目标的承接和责任，体现"高层考纯利，中层考贡献毛利，基层考销售额"，为 PBC 的确定提供依据（责任落实）。

## ⊕ BEM 简述

BEM 通过对战略逐层逻辑解码，导出可衡量和管理战略的 KPI 以及可执行的重点工作和改进项目，并采用系统有效的运营管理方法，确保战略目标达成。

BEM 的结构化形式和 BLM 类似，整体框架如图 4-3 所示。

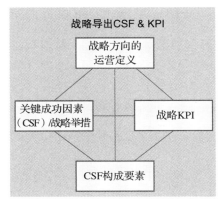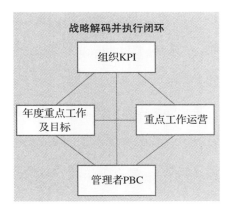

图 4 - 3　BEM 整体框架

BEM 将六西格玛质量方法融入战略执行体系，用数据说话，将战略解码为操作落地的行动并通过规范的改进达成目标。

因此，我们可以认为 BEM 的前身是六西格玛质量方法。六西格玛是一种改善企业质量流程管理的技术，以"零缺陷"的完美商业追求，带动质量成本的大幅度降低，最终实现财务成效的提升与企业竞争力的突破。

一般来讲，BEM 有以下三层含义。

● 质量尺度和追求的目标：用以定义方向和界限。

● 科学的工具和管理方法：运用 DMAIC（改善）或 DFSS（设计）进行流程的设计和改善。

● 经营管理策略：通过提高组织核心过程的运行质量，提升企业盈利能力，也是在新经济环境下企业获得竞争力和持续发展能力的经营策略。

华为在 2011 年前后将六西格玛质量方法融入战略执行体系，通过对战略逐层逻辑解码，将战略愿景分解成可量化、可执行的策略，战略规划解码之后落地到组织 KPI，甚至落地到主管、基层员工的 PBC。

战略解码之后的工作计划 / 绩效计划必须是可执行的，这是衡量战略解码及战略管理水平的核心标准。因此，引入 BEM 方法是可以极大提升战略执行和落地效果及效率的。

## ⊕ 战略解码 BEM "六步法"

如前所述，BEM 方法论主要有两个阶段：战略导出 **CSF**（Critical Success Factor，关键成功因素）& KPI，战略解码并执行闭环。两个阶段共有六个步骤，简称为 BEM "六步法"，如图 4-4 所示。

- 阶段一：战略导出 CSF & KPI。

   第 1 步：明确战略方向及其运营定义。

   第 2 步：导出中长期关键战略举措（即 CSF）。

   第 3 步：导出战略衡量指标（即战略 KPI）。

- 阶段二：战略解码并执行闭环。

   第 4 步：确定年度业务关键措施 & 目标。

   第 5 步：分解年度业务关键措施 & 目标。

   第 6 步：确定年度重点工作。

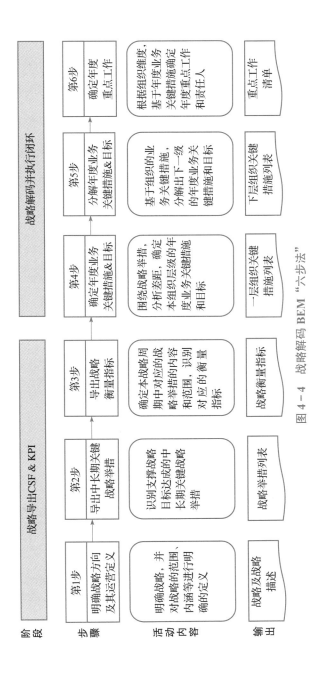

图 4－4　战略解码 BEM "六步法"

## 第 1 步：明确战略方向及其运营定义

战略方向是为了牵引组织采取达成中长期战略目标的一系列行动而给出的方向性指导。战略方向基于对未来的判断，是方向性的、全局性的高层次决策的谋略。战略是有限资源下的经营活动取舍，是下一步马上要做的、对未来有重大和长期影响的事项。因此，企业应该采用含义明确的短语进行描述，如"有效增长""卓越经营""引领行业"等，其目的是便于组织内部形成一致理解和加强沟通。

战略运营的定义是对战略的具体化、可衡量的描述。其目的是保障战略的范围和内涵得到准确、一致的定义，以避免对战略的理解偏差。对于战略运营的定义可从战略意图和业务设计角度归纳，要求战略描述之间不重复、不遗漏。主要的描述方法如下：

（1）从最高经营层的视角对战略及其目标进行明确定义。

（2）以具体行动措施与中长期目标为主描述，概括核心内容。可以采用头脑风暴、BLM 或 SWOT 分析方法来导出。

请详细查看表 4-1 的示例。

表 4-1　明确战略方向及其运营定义示例

| 战略（战略方向） | 战略描述（战略运营定义） |
| --- | --- |
| 有效增长 | （1）通过为客户提供创新和集成的解决方案，做厚客户界面，持续提升客户满意度，实现差异化、精细化的格局管理；<br>（2）打造中、欧两个本土市场，亚非拉等成熟市场做厚，浅开发市场快速增长；<br>（3）实现 A 产品份额第一，B 产品份额第三，收入增速达到行业前三，收入年增长 30%，贡献利润率 40%。 |

续表

| 战略（战略<br>方向） | 战略描述（战略运营定义） |
| --- | --- |
| 卓越运营 | （1）通过流程集成，加大对一线的授权及授权后的管理与监督，完善管控模式促进组织间协同，优化区域组织结构，健全全球整合型组织，提升合同质量，促进契约化交付，实现 20×× 年 SG&A 达到 ×× 水平（坏账率降到 ×%，交付成本率降到 ×%）；<br>（2）通过赋能和引导，创造一个能让员工相互协作、自主解决问题的轻松环境，激发员工勇于担责。 |
| 引领行业 | （1）通过打造管理操作系统，分几段投入 SoftCOM，构建未来控制点和领先优势；<br>（2）优化与客户做生意的方式，将价值构筑在软件与服务上，把软件和服务打造成核心竞争力；<br>（3）主动开展产业链管理，构建有效竞争及利益分配的商业生态环境，通过影响频谱、国家宽带等产业政策，帮助运营商做大蛋糕。 |

## 第 2 步：导出中长期关键战略举措

中长期关键战略举措又称关键成功因素（CSF），是为达成企业愿景和战略目标，需要组织重点管理以确保竞争优势的差别化核心要素。

战略地图是战略解码中起到承上启下作用的关键工具，用来形成中长期关键战略举措。战略地图（Strategy Map）由罗伯特·卡普兰（Robert S. Kaplan）和戴维·诺顿（David P. Norton）提出。

卡普兰和诺顿在 1992 年提出革命性的业绩衡量系统——平衡计分卡，并在 1996 年出版了《平衡计分卡——化战略为行动》。平衡计分卡的显著特征就是"突破财务指标考核的局限性"，即强调从财务、客户、内部运作及学习与成长四个互相关联的维度来设计考核指标，以平衡定位和考核企业各个层次的绩效水平。

　　在对实行平衡计分卡的企业进行长期的指导和研究的过程中，两位大师发现，企业由于无法全面地描述战略，管理者之间及管理者与员工之间无法沟通，对战略无法达成共识。平衡计分卡只建立了一个战略框架，对战略缺乏具体、系统、全面的描述。于是，两位大师分别在2000 年和 2004 年出版了平衡计分卡的续集《战略中心型组织》和《战略地图——化无形资产为有形成果》。

　　笔者认为，战略地图对原先的突破财务考核局限的功能进行了扩展，强调运用战略地图来规划企业的战略。在实际操作中，先导出支撑战略意图的战略地图，再导出相应的平衡计分卡四个维度的指标。这其实对应了战略解码 BEM 中的第 2 步和第 3 步。

　　战略地图从财务、客户、内部运作以及学习与成长四个层面出发，各个目标之间层层递进，并通过明晰这四个层面目标之间的因果关系来描述企业的战略，最终来承接战略目标的实现，如图 4-5 所示。

　　战略地图给我们带来一个全面、系统化和可视化的视角。它可以将企业战略内容完整呈现，而且让团队围绕着它进行系统的、端到端的研讨，达到"一张地图胜千言万语"的效果。在企业中，不同部门、不同环节的人员对战略的关注点不同。比如市场人员可能偏向客户、市场层面；供应链以及研发等人员更侧重于内部运作和学习与成长；等等。战略地图可以帮助员工从全局、端到端角度来思考公司战略、战略的承接以及横向的跨部门协同。

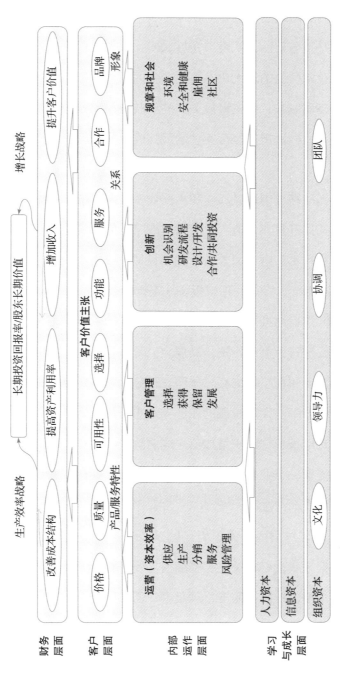

图 4-5　战略地图的框架示意图

下面介绍战略地图的主要内容。

第一个是财务层面。从财务角度来看：我们怎样满足股东、满足投资者？实现股东价值的最大化？由此产生的第一类指标即财务类绩效指标，它们是公司股东、投资者最关注的反映公司绩效的重要参数。这类指标能全面、综合地衡量经营活动的最终成果，衡量公司创造股东价值的能力。

财务层面战略分为增长战略和生产效率战略。增长战略对应的策略有增加收入、提升客户价值；生产效率战略对应的策略有改善成本结构和提高资产利用率。财务绩效指标主要包括：收入增长指标、成本减少或生产率提高指标、资产利用或投资战略指标。

处于不同生命周期阶段的业务，财务衡量的重点是不一样的。成长阶段的业务要进行巨额的投资，其现金流可以是负数，投资回报率亦很低，财务衡量应侧重于销售额总体增长百分比和特定客户群体、特定地区的销售额增长率。发展阶段的业务应着重衡量获利能力，如营业收入和毛利、投资回报率、经济增加值。成熟阶段的企业，其财务衡量指标主要是现金流量，企业必须力争实现现金流量最大化，减少营运资金占用，减小单位成本占比。

第二个是客户层面。为了满足股东、满足投资者，使他们获得令人鼓舞的回报，我们必须关注利益相关者——客户，关注市场表现。因为只有向客户提供产品和服务，满足客户需要，企业才能生存。对于客户关心的价格、质量、可用性、选择、功能、服务、合作以及品牌等方面，企业必须下功夫。企业需要针对不同细分市场的痛点及需求，设计相应的客户价值主张。在这里，需要注意价值主张往往会和企业的使命愿景混淆。卡普兰和诺顿认为：仅仅使客户满意并保留客户几乎不可能成为战略，收入增长需要的是特殊的客户价值主张，包括总成本最低战略、产品领先战略、全面客户解决方案战略、系统锁定战略。

- 总成本最低战略提供一致、及时和低成本的产品和服务。总成本是客户获得和使用产品和服务的总体成本，即包含购买、发现、分析和修正故障等在内的全生命周期成本费用。经营管理围绕着如何控制成本而展开。对这类企业而言，创新、研发、售后服务等都不那么重要，符合客户最基本的要求即可，因为提高这些方面的能力会增加成本。实施总成本最低战略的企业如戴尔。

- 产品领先战略突破现有的业绩边界，提供令人高度满意的产品和服务。经营管理围绕着产品性能和技术含量的最优而展开。对这类企业而言，创新、研发、技术、品质是重点，成本反而不那么重要，由于这类企业的产品足够领先（或者很前卫），其较高的溢价水平足以覆盖其高昂的研发和生产成本。实施产品领先战略的企业如开创智能手机时代的苹果。

- 全面客户解决方案战略为客户提供最优的解决方案。客户购买的不是单一的产品或服务，而是系统的解决方案。对这类企业而言，更强调系统组合的最优，而非局部最优。实施全面客户解决方案战略的企业如华为、IBM。

- 系统锁定战略提供最终用户的高转换成本，并且辅助厂商增加价值。经营管理围绕着如何提高客户黏度、提高竞争对手的准入门槛、提高竞争品的替代成本等方面而展开，系统锁定战略操作起来比较复杂，对研发设计、售后服务、客户体验等方面有诸多较高的要求。因此，真正采用这种战略的企业很少，如微软、阿里巴巴等。

第三个是内部运作层面。为了满足客户，获得令人鼓舞的市场价值，从内部运作角度思考：我们应具有什么样的优势？我们必须擅长什么？一个企业不可能样样都是最好的，但是它必须在某些方面满足客户需求，在某些方面拥有竞争优势，只有这样才能立足。把企业必须做好的方面找出来，并越做越好，企业就能练出过硬本领。

笔者认为，内部流程应支撑财务层面和客户层面目标的实现，这里的流程是指为客户创造价值，而不仅仅是 ISO 标准所定义的程序。内部运作不是罗列流程，而是要找出为客户创造价值、让战略目标落地的关键瓶颈，找出需要重点突破的方面——内部流程为传递差异化价值主张（客户层面）和提高生产效率（财务层面）所须关注的最重要的少数核心突破点。

在内部运作层面，一般包含运营（资本效率）、客户管理、创新及规章和社会等内容。

- 运营：生产并向客户提供产品和服务。
- 客户管理：建立并利用客户关系。
- 创新：开发新产品、服务、流程和关系。
- 规章和社会：遵章守法，满足社会期望，建立繁荣社区。

第四个是学习与成长层面。为了提升内部运营的效率、满足客户、持续提升并创造股东价值，企业必须不断成长，由此，围绕组织学习与创新能力提升，关键在于衡量相关岗位在追求营运效益的同时，是否为了企业长远发展加强了人才梯队、信息系统建设，营造了积极健康的企业文化。

学习与成长层面描述如何将人力、技术和组织氛围结合起来支持战略。通过无形资产驱动内部业务流程绩效的提高，在向客户、股东和社区传递价值时发挥最大的杠杆作用。

学习与成长层面应关注支撑内部运作层面的关键流程运作所需的特殊能力和特征，包含人力资本、组织资本和信息资本。

- 人力资本（战略能力）：执行战略活动所要求的技能、才干、技术诀窍等能力的可用性。

- 信息资本（战略信息）：支持战略所要求的信息系统、知识运用和基础设施能力的可用性。

- 组织资本：执行战略所要求的动员和维持变革流程（为客户和股东创造价值所需的行为变革、执行战略所需的行为变革）的组织能力。

  - 文化：执行战略所需要的共同使命、愿景、价值观及其内在化。

  - 领导力：各层级中动员组织朝着战略目标发展的合格领导的可获得性。

  - 协调：个人、团队、部门的目标和激励与战略目标的实现相结合。

■ 团队：整个组织贡献的具有战略潜力的知识。

战略地图的核心逻辑是企业通过运用人力资本、信息资本和组织资本等无形资产（学习与成长），创新和建立战略优势和效率（内部运作），使公司把特定价值带给市场（客户），从而实现股东价值（财务）。

战略地图自上而下逐层分解，一直将战略目标分解到最基础的组织能力。组织能力的构建是最基础的事情，而且耗时最长。

一般建议从战略地图四个层面（财务、客户、内部运作和学习与成长）来提炼关键成功因素（CSF），这样可以确认各 CSF 之间的因果关系，最终支撑战略目标。战略地图可以检测 CSF 之间的均衡性，如果 CSF 间存在不均衡，或存在独立的 CSF，或 CSF 间缺乏因果关系，需重新审视 CSF。

关键成功因素在多数情况下为动宾短语，如图 4 - 6 所示。

| 财务 | 扩展高利润产业 | 利润最大化 | 销售增加 | E2E成本降低 | 资产利用率最大化 |
|---|---|---|---|---|---|
| 客户 | 市场份额提升 | 产品价值最大化 | 提升品牌形象 | 构建与客户/渠道亲密关系 | 提高产品质量 |
| 内部运作 | 按时开发符合客户需求的新产品 | 中低端产品免维护 | 采购流程效率化 | 缩短供货周期 | SCM优化 |
| 学习与成长 | 全球视野人才获得 | 构建先进企业文化 | 构筑知识管理体系 | 构建技术壁垒 | IT基础扩大 |

图 4 - 6　战略地图的关键成功因素示例

## 第 3 步：导出战略衡量指标

战略衡量指标，顾名思义，是衡量战略是否达成的 KPI 指标，可作为组织考核 KPI 的补充和优化，并选取部分纳入考核。

为什么需要导出战略衡量指标？

如果战略制定和战略解码仅仅提一些行动口号，如"提升产品成功率""提高单店盈利能力"等，缺乏具体的行动计划和明确的衡量指标，那么，战略最终是一句空话。

罗伯特·卡普兰认为，"不能衡量，就不能管理！"华为有这样一句话：我们不认可"茶壶里的饺子"，一切结果用你的军功章来换，一切用结果来说话。笔者发现，很多企业在运营管理中存在绩效指标不科学、指标数据严重缺乏、指标基线匮乏等问题。因此，需要从 CSF 中导出对应的战略 KPI。

从 CSF 导出战略 KPI，存在两种情况。

（1）在 CSF 可以明确导出 KPI 的情况下，直接导出战略 KPI。

（2）在 CSF 不明确时，需要分解 CSF 的构成要素，针对 CSF 的构成要素进行 KPI 设计，根据 CSF 构成要素导出战略备选 KPI。

那怎样导出 CSF 构成要素呢？华为内部使用的是 IPOOC 方法，从 Input（输入）、Process（过程）、Output（输出）、Outcome（结果）四个维度对 CSF 展开。

- Input：一般包含资源（人／财／物）、信息。
- Process：从战略的视角看，影响战略举措达成的关键活动、过程是什么。
- Output：是基于流程视角看流程的直接输出，例如一个产品或一个制度等。
- Outcome：是基于内外部客户视角看收益，例如经济结果、客户感受、品牌增值、组织激发等。

请注意，构成要素本质上是更细颗粒度的 CSF，一般也采用动宾短语表达，如"构建商业解决方案专家能力知识体系"。CSF 对应的构成要素不能太多，要保证颗粒度（一个 CSF 最多不超过 5 个构成要素），要从总经理视角考虑。

下面通过一个例子来说明。针对战略举措"提升价值市场份额"，使用 IPOOC 方法导出其构成要素，并针对构成要素设计备选 KPI，如表 4 - 2 所示。

表 4 - 2　使用 IPOOC 方法导出战略举措的构成要素示例

| 战略举措 | IPOOC | 战略举措构成要素 | 备选 KPI |
|---|---|---|---|
| 提升价值市场份额 | Input | 匹配客户需求的解决方案 | 客户需求包满足率 |
| | | | 技术标排名 |
| | | 专业的服务拓展人员到位 | 专家到位率 |
| | Process | 规范项目运作管理 | 流程符合度 |
| | | 改善客户关系 | 客户满意度 |
| | | | 关键客户关系改善项目完成率 |
| | Output | 获取的价值客户合同 | 签单率 |
| | | 竞争项目的胜利 | 战略 / 山头目标完成率 |
| | Outcome | 价值市场份额提升 | 价值市场份额占比 |
| | | 订货增加 | 订货 |
| | | 利润改善 | 销售毛利率 |

找出 CSF 构成要素后，再导出战略备选指标，进一步筛选出合适的战略衡量指标。战略衡量指标筛选评价标准有四个方面的内容：

- 战略相关性。绩效指标与战略、战略目标强相关；适合组织业务特性，能代表战略目标。

- 可测量性。能明确测量基线，且能做客观测量；能设定具体测量
  指标值。

- 可控性。通过组织努力确保可控，受不可抗力影响很小。

- 可激发性。能用于牵引改善绩效的行动；组织全员愿意付出努力
  改善指标。

最后，按照平衡计分卡的维度检验指标平衡性，确保可以支撑战略
达成。

战略解码的核心输出成果之一是组织 KPI 池（KPI Pool，即 KPI 的
集合），也就是整个组织的考核指标集。

因为战略调整、客户需求变化以及竞争环境变化等因素，KPI 指标
每年都需要刷新和调整。针对不同的组织、不同的部门，设计对应的
KPI 池是战略解码团队每年的重要工作——每年的业务计划制定出来之
后，就确定每个组织的 KPI 指标结构，先不谈具体的数值，而是把牵引
和考核结构确定下来。等到考核指标结构确定，通过评审之后，再去明
确具体的目标值。

## 第 4 步：确定年度业务关键措施 & 目标

年度业务关键措施 & 目标导出，又称 CTQ-Y 导出。其中，CTQ
（Critical-to-Quality，品质关键点）是从客户与经营角度，对过程或输
出提出的关键业务特性，是为了支持战略达成当年业务目标所需改进的
关键点。Y 是指 CTQ 的绩效测量指标，通过 Y 可以知道现有绩效水平，
因此，可以有效选定 Y 作为测量 CTQ 的核心指标，作为持续的趋势目

标管理。

公司年度重点工作导出的基本方法是基于关键成功因素（CSF）及其构成要素，分析现状及差距，同时收集相关 VOX（某方面的声音，如 **VOC** 为 Voice of the Customer 的英文缩写，意为客户的声音）信息，识别关键问题，对齐 CSF，如表 4 - 3 所示。

表 4 - 3　年度业务关键措施 & 目标导出

| 战略方向 | 关键成功因素（CSF） | CSF构成要素 | 战略KPI | 现状及差距分析（VOA/ 对标） | 关键诉求（CCR） | 精选CTQ | Y |
|---|---|---|---|---|---|---|---|
|  |  |  |  |  |  |  |  |
|  |  |  |  |  |  |  |  |
|  |  |  |  |  |  |  |  |
|  |  |  |  |  |  |  |  |

## 第 5 步：分解年度业务关键措施 & 目标

这一步将上层组织的业务行动计划 & 目标分解到下级部门，并从上至下，确定各层衡量指标 KPI 的基线和目标值。常用的辅助工具有 TPM、CPM 和 BPM。

- TPM（Total Productivity Management，全量分解法）：通过全量分析，对综合目标进行全面的解构，确保分解目标能支撑全量目标。上下分解指标的量纲保持一致，通常针对财经类事项，如收入、成本。

- CPM（Critical Parameter Management，参数分解法）：寻找系统内部的关键参数，通过关键参数的改善，支撑系统特征的改善，通常针对研发产品类或原因、结果性事项。

- BPM（Business Process Management，流程分解法）：以客户为中心，沿着业务流程通过 **COPIS**（Customers Output Process Input Suppliers，客户、输出、过程、输入、供应商的全过程）分析，对目标和措施进行分解并导出项目。通常针对效率、周期类事项。

## 第6步：确定年度重点工作

年度重点工作是当年的具体措施，包括行动、阶段性模板、责任部门，是优先的工作任务。

基于年度业务行动计划和目标形成重点工作，用一句话总结提炼，设定工作目标及负责人。

重点工作目标主要承接战略举措在第一年的目标（一般是结果性指标）、组织 KPI 指标，从上至下结构化分解，确定各层级衡量指标及其目标值。

将重点工作的主要行动方案和计划进行汇总，也可以列表的方式进行描述，如表4-4所示。

表4-4　重点工作的主要行动方案和计划表示例

| 序号 | 项目名称与描述 | 目标 | 责任人 | 资源配置（投资及 HR） | 截止日期 |
|---|---|---|---|---|---|
| 1 | ××A 产品 Charter 开发 | 实现××功能实现××性能…… | 张三（×× A PDT 团队负责人） | 1 000 万元 | 2022 年 4 月 15 日 |

续表

| 序号 | 项目名称与描述 | 目标 | 责任人 | 资源配置（投资及 HR） | 截止日期 |
|---|---|---|---|---|---|
| 2 | ××B产品成本削减计划 | 成本削减目标：10亿元 | 李四（质量与运营管理部负责人） | 1.团队资源：×× 2.资金投入1 000万元 | 2022 年 11月 15 日 |
| ⋮ | | | | | |

最后，总结 BEM。BEM 战略解码是把战略目标及战略规划解码为组织和个人的责任及计划。

如图 4-7 所示，BEM 战略解码的主要过程包括：

（1）SP 阶段导出战略达成的关键成功因素和战略衡量指标，选择战略衡量指标落入 KPI，牵引 KPI 对齐战略。

（2）对齐关键成功因素，导出年度业务关键措施和目标。

（3）按工作相关性原则，识别、组合形成年度重点工作。

（4）识别导出重点工作子项目。

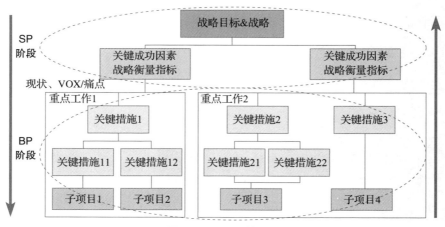

图 4-7　BEM 的小结

这样的逻辑和过程既适用于战略规划的制定，又适用于年度业务计划的制定。

战略规划和年度业务计划都需要确定关键任务。战略规划的主要方法论 BLM 从差距分析、市场洞察、战略意图、创新焦点及业务设计来识别出关键任务及其依赖关系。而年度业务计划的主要方法论 BEM 通过关键成功因素等要素，找出关键任务，并确定项目里程碑等要求。

关键任务最终要求支撑业务设计及战略目标的实现。在执行上需要实施的关键任务，主要是指持续性的战略举措，包括业务增长举措和能力建设举措，可从以下几个方面进行思考和研讨：

- 新机会孵化；
- 市场增长与格局；
- 竞争与合作策略；
- 解决方案平台与关键技术；
- 产品开发；
- 精细化经营；
- 关键组织能力建设。

## 案例：YD 公司的战略解码

行业头部企业占据绝大部分市场份额，并以"一方独大"的优势采用各种策略和手段挤压 YD 公司。YD 公司面临极其恶劣的竞争形势，公司创始人及其管理团队认为，如果未来三年内不能在市场上真正占有一席之地，将面临愈发严峻的生存危机。因此，通过对行业、市场、竞争及自身优劣势的分析，YD 公司明确每年的销售收入至少增长 150%，在三年内达到 50 亿元，为企业的长期生存夯实基础。

YD 公司的中高层管理团队（约 30 人）闭门集训三天，系统地学习业务领先模型和业务执行力模型等方法论及实践案例，初步领略和掌握了战略管理的共同语言。之后的第二周，该公司的管理团队又集中三天进行战略解码。在公司创始人发布明确的未来三年战略目标之后，中高层管理团队成员通过分组研讨＋集体评议的形式，在顾问团队的协助下，群策群力地输出未来三年的战略举措，并对每项战略举措进行质询和澄清，如图 4-8 所示。

接着，中高层管理团队围绕每项战略举措进行衡量指标设计和筛选，输出战略 KPI，并根据战略规划整体要求和第二年的策略考虑，筛选明确公司级年度 KPI 及其目标值、权重，如表 4-5 所示。

表 4-5　YD 公司的公司级年度 KPI 及其目标值、权重

| 层面 | KPI | 目标值 | 权重 |
| --- | --- | --- | --- |
| 财务 | 销售收入 | 13 亿元 | 20% |
| | 税前利润 | 3 500 万元 | 10% |
| 客户 | 成功新品牌的个数 | 3 个 | 10% |
| | 复购率 | 30% | 10% |
| 内部运作 | A 类产品上市周期 | 120 天 | 15% |
| | 库存周转率 | 12 次 | 15% |
| | 可比采购成本降低率 | 15% | 10% |
| 学习与成长 | 核心团队成员主动离职率 | 不高于 10% | 5% |
| | PBC 覆盖率 | 85% | 5% |

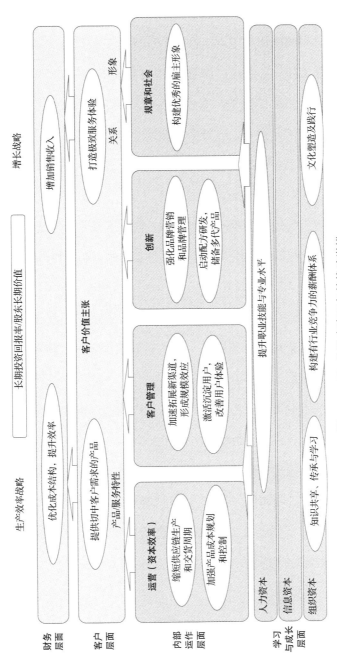

图 4 - 8 YD 公司未来三年的战略举措

中高层管理团队根据未来三年的战略目标与战略举措要求，结合业务诉求，研讨和输出年度重点工作清单及其子任务。

年度重点工作一：强化品牌营销和品牌管理。

- 新市场和新品牌突破。有效识别和发现细分市场机会，以新品牌迅速占领细分市场，实现公司业绩快速增长。

- 优化已有品牌的经营管理策略，明确品牌攻关方案，形成"自我传播"效益，极大提高投资回报。

- 构建新品牌投资预算和管理体系。构建涵盖业务规划、项目立项、品牌与产品开发及运营环节的端到端生命周期品牌投资管理体系。

  ············

年度重点工作二：加速拓展新渠道，形成规模效应。

- 拓展国内新渠道。拓展 5 个新的有效渠道（有效的新渠道销售收入至少达到 1 000 万元 / 年）。

- 突破东南亚市场，打通跨境业务运作的端到端流程，增加对其他平台 / 渠道的吸引力和商务谈判优势。

- 沉淀渠道管理的组织能力。不断总结新渠道的核心打法，并形成相关运作机制和操作细则，固化到渠道管理日常运作中。

- 深耕传统渠道，完善零售 / 渠道价格授权管理，提高投资回报率，大幅提高销售收入。

  ············

年度重点工作三：强化产品研发创新，优化产品投资结构和回报。

- 聚焦核心产品，提升成熟产品的现金流贡献。

- 深刻理解新市场的需求，确保新市场的产品突破 3 个。

- 推动新技术的团队筹建和关键技术的储备。

- 优化和降低产品总成本，实现成本领先。

     …………

## ⊕ 部门战略解码

部门战略解码是在公司层面／上级部门的年度业务计划完成了清晰的内容（包含但不限于战略目标、关键任务及里程碑计划、财务和人力预算规划等）输出后，下级部门根据自身的定位，按照一定的战略解码流程，输出自身的战略解码成果。

部门战略解码有五个步骤，具体说明如下：

第一步，确定部门使命、愿景、定位。部门定位来自使命的分解，是本部门理解上级战略的出发点。

第二步，对公司／上级战略进行学习与理解，输出战略学习汇报。理解的对象主要有上级战略目标、战略地图（财务、客户、内部运作及学习与成长四个层面）。从部门定位出发理解公司／上级战略，让本部门向公司／上级战略对齐，并且形成有逻辑性和说服力的学习报告。

第三步，输出述职报告与 PBC（含组织 KPI 设计、重点工作等）。要确保公司／上级的目标和重点工作能够在本部门得到有效的承接，并为后续分解到下级部门打下基础。有些 KPI 需要多个下级部门来承接，

应根据不同部门的责任来确定上级 KPI 的分解及考核权重，如表 4 - 6
所示。

表 4 - 6    指标责任分解矩阵

| 上级部门指标 | 本部门 | 下级部门 | | | | |
|---|---|---|---|---|---|---|
| | | 部门 1 | 部门 2 | 部门 3 | 部门 4 | 部门 5 |
| | | | | | | |
| | | | | | | |
| | | | | | | |
| | | | | | | |

基于部门定位，承载公司／上级战略目标及流程要求，形成部
门 KPI。指标应均衡体现部门的价值和职责，可以采用平衡计分卡四
个维度（财务、客户、内部运作、学习与成长）、关键成功因素分析
法（又称鱼骨图法）等方法来确定。应明确各项 KPI 的目标值及考核
权重。

例如，前述 YD 公司在公司层面 KPI 指标集中，有销售收入（财务
层面）和可比采购成本降低率（内部运作层面）这两项。产品开发部是
该公司的一级部门，部门的价值定位是在预算内按时按质交付产品开发
成果，实现商业成功。从产品开发部的价值定位和本年度上级／客户对
该部门的期望出发，该部门在承接公司层面的销售收入 KPI 中，可能对
应考虑的 KPI 是新产品销售收入；在承接公司层面的可比采购成本降低
率 KPI 中，可能对应考虑的 KPI 是产品目标成本未达标数。对于销售
部而言，其价值定位是为公司创造收入和提升客户满意度，因此，公司

层面的销售收入 KPI 可以直接分解到销售部落实。不过，公司层面的可比采购成本降低率与销售部关系不大。

提醒一点，不同组织的定位不同，因此承接的战略目标的方向和程度是不一样的，不能死板地要求所有组织按照平衡计分卡四个维度来定义组织绩效 KPI。各种组织应该基于其定位，从战略目标中提取与自身定位有关的指标。尤其对于财经管理部、人力资源管理部等职能部门，关键成功因素法对业务的适配性更强。

进一步梳理和汇总支撑部门 KPI 目标实现的重点工作，并且以结构化的方式清晰地撰写出来。进行优先级排序，确定重点工作。以重点工作为轴心，将相关行动作为关键措施进行整合，然后对关键措施进行排序。对标年度能力，确定要采取的关键行动和行动的目标。这些重点工作和关键措施的撰写需要符合 **SMART**（Specific，Measurable，Attainable，Relevant，Time-based，具体、可衡量、可达到、相关性、时效性）原则。

更多关于组织绩效管理的内容，详见本书第五章。

第四步，制定部门年度重点工作 WBS 计划。将部门年度目标分解为季度目标，明确重点工作的里程碑目标。按季度／关键里程碑，明确交付物，并且编制 WBS 计划。原则上，近期的 WBS 工作计划需要足够详细和准确，而远期的计划只要求明确关键里程碑即可。

第五步，输出部门指标定义及报表等。严格按照模板，输出部门 KPI 指标定义及报表，建立组织的 KPI 字典。指标的定义举例如下：

【指标名称】累计盈利时间

【设置目的】反映产品开发团队（PDT）管理的产品的投资回收能力，盈利时间越短则投资回收能力越强。

【指标定义】从首个产品的首个版本开始投入开发的时间点到生命周期内实现首次累计盈亏平衡的时间长度。

【统计方法】财务代表根据成本管理部成本信息处提供的分产品分月核算表中的生产周期累计税前利润，来判断 PDT 管理的产品合计数据是否达到其生命周期内首次累计盈亏平衡，确定盈亏平衡点，同时根据历史数据找到该 PDT 的首个产品首个 R 版本开始投入开发的时间点，以此计算产品实现盈利的时间长度。

【计算公式】累计盈亏平衡时间 = 产品首次实现生命周期内累计盈亏平衡的月份 - 产品第一个 R 版本开始有财务核算数据的月份

【测量对象】产品开发团队（PDT）

【统计部门】财经管理部、成本管理部

【统计周期】季度

【指标说明】此衡量指标能够促进尽快将合适数量的产品推向市场，来获得独占高价利润和市场份额。它可以推动开发团队了解与一个产品相关的所有成本，并开始权衡产品延迟对产品利润的影响。

# 基层员工绩效目标制定

部门战略解码之后的部门重点工作和例行工作，需要进一步分解到基层员工的 PBC 中。在实际工作中，不少管理者倾向于采用简单粗暴的方式直接下达工作任务指令，在沟通工作目标与计划、了解员工工作意愿与想法等方面，存在沟通不足的现象。

彼得·德鲁克曾经说过：在新型组织中，管理的挑战在于如何发挥知识工作者的创造力。知识工作者虽然是领薪水的，但不能把他们当作"雇员"，而要把他们当作"义工"来管理。企业管理应该向非营利机构，如公益组织学习。

任正非认为："要相信人内心深处有比钱更高的目标和追求，愿景、价值观、成就感才能更好地激发人。"知识工作者需要知道整个组织的使命，并且深信不疑，需要不断训练，需要看到成就。企业管理者要真正充分地调动员工内心的饥渴感、满足感、愉悦感、成就感等内在因素，让员工能够找到感觉，找到持续深入地把事情做到位的方式。很多真实的例子都表明，即使没有外在的物质回报，工作本身同样可以激励一个人发挥创造性，激励其完成目标。不过，当工作本身有乐趣、有意义的时候，若过于强调外在激励反而会弱化工作本身的激励作用。

管理者在工作分解、激励团队成员行动的过程中，如果能够沿着 What-How-Why 这条主线，引导团队成员思考以下三个层面的问题，可能获得意想不到的激励效果。

- 第一层面，What：你的工作是什么？产出是什么？
- 第二层面，How：你如何做这件事情？通过什么方式和方法使你的工作和产出更高效？

- 第三层面，Why：你为什么要做这件事情？你做这件事情的目的和意义是什么？

一般而言，大部分人都可以很清楚地描述自己在做什么；少部分人可以很清楚地描述自己是怎么做的、工作计划是怎样的，有哪些技巧可以提高自己的工作效率；但极少数人能够清楚地描述自己为什么这么做。

大部分人对工作任务的思考方式是，知道自己在做什么后，在执行任务的过程中思考如何做得更好，提高效率，等到工作技能非常娴熟之后，开始寻找工作的意义——What-How-Why 的顺序。

其实，反过来思考：我为什么做这件事？我的信念和理想是什么？我如何达成我的理想、体现我的信念？最后我能做什么？——Why-How-What 的顺序，更能够改变员工工作的驱动力，由上级／外部命令式接受转变为自我内驱。因为带有画面感的愿景作用于人的右脑，而右脑形成的记忆及兴奋感更持久。同时，员工的成就感、责任感、使命感、幸福感等心流体验来自具有挑战性的目标和愿景。

通过愿景描绘，赋予工作意义，让团队成员对此认识趋同，更能激发团队成员的工作热情，尤其是在面对困难的时候，更有勇气迎接挑战。

如果想要团队更有凝聚力，团队成员应该是因为愿景而非任务聚在一起，管理者应避免企业愿景被稀释，甚至被忘记，避免员工陷入"厌倦的机械式劳动"。所以，领导者有必要也有义务向每位员工澄清工作的使命和愿景，即员工为什么在现在的公司而不是别的公司工作；这份工作除了物质报酬外，还会带给他什么好处。

个人绩效是指员工履行岗位职责要求的有效产出。有效就是指为客户创造价值，并为公司创造效益，"把煤炭洗白"不是有效产出。产出就是贡献，强调结果。产出不一定是直接的经营结果，也可以是间接的。

个人绩效目标来源于三个方面：部门目标、职位职责、流程目标。

- 部门目标。个人绩效要承接所在部门的绩效目标。
- 职位职责。每一个岗位有自己的标准岗位职责，这也是一个输入。
- 流程目标。这是业务流程里的目标。如果某个岗位恰好是某个流程里的某个角色，并且承担一系列活动，那么流程目标也是一个输入。

什么是个人绩效管理中被认可的绩效成果？如果有多个选项：A. 结果；B. 行为；C. 态度；D. 知识、技术和能力，请问该选择哪些项目作为评价标准？

个人绩效管理基于岗位责任贡献，即关键结果和实现关键结果的关键行为，不认可"茶壶里的饺子"。

绩效评价强调责任结果，衡量"创造了多少价值"。在责任结果基础上，再来衡量关键行为，即"如何创造价值"。责任结果是业绩项，作为价值分配的依据；关键行为是能力项，作为机会分配的依据。没有责任结果，就没有关键行为。态度、知识／技术／技能只有转化为结果和行为才有效。

个人绩效管理的呈现方式如表 4-7 所示，在华为内部叫作 PBC（个人绩效承诺），PBC 主要包括三个部分。

表 4-7  员工 PBC 的结构和内容

**一、业务目标**

关键结果性目标（WIN）——个人承接的组织 KPI
1. 经营指标（网络 KPI、终端 KPI）
2. 市场目标

个人关键举措目标（EXE，共 6～8 项）
1. 个人年度市场目标（战略诉求、山头目标、高层客户管理等）
2. 个人重点关注项目（重点交付项目等）
3. 个人年度组织建设与管理改进目标（财务流程梳理、交付流程改进等）

**二、人员管理目标（共 3～4 项）**

根据各自负责的组织挑战，设定目标

**三、个人能力提升目标（共 2～3 项）**

为完成业务及人员管理目标，个人的能力提升目标

第一部分是业务目标承诺。该部分主要由两个方面组成：一是关键结果性目标（WIN），即个人承接的组织 KPI，有经营指标和市场目标两种；二是个人关键举措目标（EXE，共 6～8 项），即为了支撑公司的组织 KPI，个人要承载的关键任务。个人关键举措目标有：

- 个人年度市场目标。例如战略诉求、山头目标、高层客户管理等。

- 个人重点关注项目。例如重点交付项目等。
- 个人年度组织建设与管理改进目标。例如财务流程梳理、交付流程改进等。

第二部分是人员管理目标承诺。这部分适用于管理者。管理者需要设定人员管理目标，包括人才引进、人才培养、接班人计划等。这是管理者应承担的特有职责，也是和一线员工所负职责的重要区别：管理者既要关注业务目标，也要关注人员管理目标，而员工只关注业务目标。

第三部分是个人能力提升目标承诺。员工需列出个人成长的发展方向，通过工作或培训培养来实现。企业的成长和发展需要员工个人能力的提升来促进。企业战略的实现是企业资源与能力相匹配的结果，这就需要将员工的个人能力融合成组织能力。

目标设定需要符合 SMART 原则。如表 4-8 所示，通过示例 1 和示例 2 在结果目标承诺、执行措施承诺和团队合作承诺三个方面的对比，了解目标设定的原则与注意事项，掌握目标制定的技巧。相对于示例 1，示例 2 在结果目标承诺中，更加明确做了什么、什么时候完成以及做到什么程度；在执行措施承诺中，识别出了支撑该结果目标实现的若干关键举措，并明确了关键执行要求；在团队合作承诺中，定向明确了和周边团队成员的协作要求和目标。

各领域、各层级的目标构成了企业目标的一砖一瓦，企业大厦由这样一名名员工、一个个团队／组织通过实现各自目标来建造。

表 4 - 8　个人绩效承诺 PBC 的示例对比

| | 承诺目标（示例 1） | 承诺目标（示例 2） |
|---|---|---|
| 结果目标承诺 | 做好 A 单板的优化工作 | 6 月 10 日完成 A 单板的优化工作，单板综合直通率达到 95% |
| 执行措施承诺 | 完成 A 单板 2.0 的原理图修改 | 1.5 月 15 日前完成 A 单板 2.0 的原理图修改和评审，并同步更新详细设计文档<br>2.5 月 25 日前完成 A 单板的试制验证，并组织和关闭遗留问题<br>3.5 月 30 日前在 PDM 系统中更新相关产品数据资料，并发布到 ERP 系统<br>…… |
| 团队合作承诺 | 注意与相关部门的沟通，提高周边部门满意度 | 加强与 BOM 中心和 TQC 的交流，保证清单和器件造型的正确性 |

第五章

# 战略落地抓手：组织绩效管理

任正非认为："企业的活力除了来自目标的牵引、来自机会的牵引以外，在很大程度上是受利益的驱动。企业的经营机制，说到底就是一种利益的驱动机制。价值分配系统必须合理，使那些真正为企业作出贡献的人才得到合理的回报，企业才能具有持续的活力。"

绩效是指企业要的结果，而激励是指员工要的回报。解决绩效（公司追求）与激励（员工追求）之间矛盾的唯一办法，是价值创造，并形成更高的价值分配和更高的价值创造的螺旋式上升循环机制。图5-1展示了华为的价值链管理。

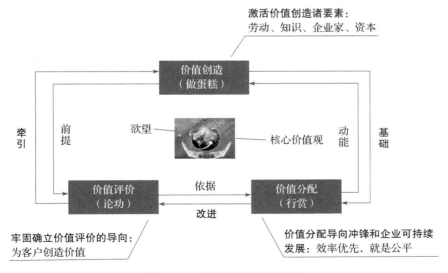

图 5-1  华为的价值链管理

绩效是依靠价值创造出来的，而不是通过价值评价出来的。战略规划和年度业务计划为价值创造提供了最重要的输入。

DSTE 是指从市场洞察到战略指引，到战略规划，再到集团层面的战略协同、战略规划批准，接着导出战略衡量指标，签署战略归档文件，最后到制定 KPI 指标方案及战略宣讲。

如第二章所述，华为在完成战略规划后，紧接着输出战略衡量指标，并且形成各个组织的 KPI 指标方案。在年度业务计划和预算中，需要导出年度的重点工作和年度 KPI，签署管理者 PBC 绩效承诺书。这样可以保障为下一步的组织绩效管理提供输入，保障组织绩效管理协同战略规划和年度业务计划，同时避免战略管理和绩效管理"两张皮"。

因此，在战略解码中，不管是部门还是团队，都需要输出对应的组织 KPI 指标、指标权重及目标值等，其实这是组织绩效管理的主要内容。在企业管理咨询项目和培训中，笔者发现大部分企业没有做或没有做好组织绩效管理这项工作。

组织绩效是什么？组织绩效作为组织对基于自身职责定位所承接的公司或上级组织目标完成结果的衡量，主要以关键绩效指标（KPI）形式表现。

KPI 是把经过战略解码后影响战略目标达成的关键任务验收标准作为考核指标，其对象是关键任务，而非全部任务。KPI 作为评估标准，是把企业的战略目标分解为可操作的工作目标的工具。

组织绩效有部门绩效、团队绩效。团队由不同专业领域的成员组成，一般采用项目管理的方式来协同工作并达成目标。部门是把同类专业细分的人整合起来达成目标。不管是部门绩效还是团队绩效，都应该是从公司 / 上级战略和流程绩效解码出来的。

企业经营管理的重点是组织绩效，而不是个人绩效。换句话说，战略落地的主要抓手是组织绩效管理，组织绩效对战略的价值贡献远远大于个人绩效。组织绩效的关键是依靠组织专业能力和组织协同，在战略和业务成功导向中产生巨大的威力，从而取得更大的成就。相对而言，个体的力量是微小的，专业能力是不够的。

众所周知，金刚石和石墨都由碳原子构成，但是因为原子排列方式不同，它们的"形"或"性"有着天壤之别——纯净的金刚石是无色透明、正八面体形状的固体；石墨是一种深灰色、有金属光泽、不透明的细鳞片状固体，很软，在纸上划过可留下痕迹，有滑腻感。虽然金刚石和石墨都由碳元素组成，但是结构可以决定性质，导致它们的物理性质有很大差异。

在绩效管理实践中，笔者认为企业在创业初期、员工数量较少的阶段，可以将战略目标直接分解到个人，采用个人绩效管理方式。当业务进入快速发展期、员工超过一定数量之后，战略必须通过组织来承接，组织绩效管理是战略落地的关键。

组织绩效的主要作用是战略牵引（指挥棒）、强化组织协同（互锁）、衡量组织贡献和强化激励（评价标尺）。战略牵引确保组织不偏离航道，强化组织协同的前提是设定各组织 / 部门责任中心，衡量组织贡献和强化激励是为了正确评价价值和合理分配价值。

组织绩效管理的基本内容有设定组织责任中心、组织绩效 KPI 指标设计、目标值设定、绩效结果评估及绩效结果应用，如表 5 - 1 所示。

表 5 - 1　×× 部门 20×× 年 KPI 制定和评议表（示例）

| 牵引点 | | KPI | 权重 | 目标 | | | 完成值 | KPI 得分 |
|---|---|---|---|---|---|---|---|---|
| | | | | 底线 80 | 达标 100 | 挑战 120 | | |
| 客户 | 客户 | 战略目标 | 10% | | | | | |
| | | 客户满意度 | 10% | | | | | |
| 财务 | 规模 | 订货额 | 10% | | | | | |
| | | 销售收入 | 15% | | | | | |
| | 利润 | 贡献利润率 | 15% | | | | | |
| | 现金流 | 现金流 | 10% | | | | | |
| 内部运作 | 效率 | 存货周转率 | 10% | | | | | |
| | | 资金周转率 | 5% | | | | | |
| | 风险 | 超长期欠款 | 5% | | | | | |
| | | 合规运营 | 扣分项 | | | | | |
| 学习与成长 | 干部 | 干部培养 | 10% | | | | | |
| KPI 得分合计 | | | | | | | | |

## ⊕ 组织绩效管理的主要原则

华为在组织绩效管理上采用的是考核制，有如下原则：

● 聚焦核心战略诉求，精简 KPI 数量。虽然华为要求每个组织最多只能设置 15 项指标，但是一般建议组织绩效 KPI 在 5 ~ 12 项之间。

- 聚焦简化管理，而不是让管理更复杂。各层组织的 KPI 要围绕公司、各 BG、各区域的关键战略落地，不能承载太多的管理诉求而导致 KPI 牵引不聚焦，避免过多的过程管理、行为管理等。

- 均衡短期 / 长期组织目标，同时做好周边的协同拉通。短期组织目标一般指在当年内能完成且对未来几年没有直接影响的指标，是当年活动在当年的体现，通常反映当期经营成果。而长期组织目标则是反映企业创造未来价值的能力的指标，这些指标的改善往往需要管理层付出两年及以上的努力。

用任正非的话来说，短期的组织目标是"打粮食"——增加销售收入、回款并形成现金流等；长期的组织目标是"增加土地肥力"——为形成未来市场格局、抓住战略机会点、获取山头项目、构建更强的组织能力等夯实基础，并促进业务的结构性调整。

企业、组织及相应管理者必须协调好短期目标和长期目标之间的关系，既要保证组织现在能够活下去，又要在未来能够持续活下去。如果现在都活不下去，也就谈不上长远的发展；如果没有为未来发展构建基础和能力，就算赢得了现在，也输了未来。因此，任正非说，"活下去，是华为奋斗的最低纲领，也是最高纲领"。

一般而言，经营单元（利润中心）的短期组织绩效为"订、收、回、利"（即订货额、销售收入、回款金额、利润额），权重占比约为 50%。

长期组织绩效采用战略目标的达成来衡量。长期组织绩效（即战略目标）考核按照清单管理，一般考核项目有五类：新机会、格局、关键能力、竞争、风险管理。例如，对于某新业务规模的增长，希望未来三年整体收入达到 100 亿元，市场份额达到 20%。第一年要求至少进入 10 个大客户的采购短名单，没有收入的考核，主要牵引格局；第二年营业收入达 30 亿元；第三年营业收入达 70 亿元。长期组织目标考核权重占比约为 20%。

华为通过组织绩效管理促进组织协同，牵引所有部门围绕公司战略力出一孔。跨部门的横向协同拉通是大部分企业的典型顽疾，除了构建和完善端到端流程、优化干部管理政策之外，组织定位和组织绩效设计也需要与之配套，以形成行之有效的立体解决方案。例如，公司要求明年某个新产品在某个海外地区贡献收入 1 000 万元，那么产品线、研发中心及区域销售部等关键部门要在组织绩效层面"互锁"，才有可能做到真正的力出一孔。

因此，管理者需要深入理解年度经营计划和 3～5 年战略规划的内容，平衡好短期组织目标和长期组织目标的关系。此外，企业还应该配套相应的干部选拔、晋升及激励等机制。

- 差异化考核，考虑不同组织职责 / 业务特征 / 发展阶段。随着业务场景和业务特征多样化，试图用一套大一统的管理标准来适配全部业务，只会给业务发展带来羁绊，因此，需要针对业务的差异性来设计相应的 KPI。例如，处于孵化期的业务和处于成熟期的业务，考核指标理应不同。在业务的孵化期、投入早期，应该根据业务的关键事件和里程碑进行管理，避免使用收入、利润这样的考核指标。针对"盐碱地"，华为为了提高业务主管的积极性，采用战略预算进行补贴，把阶段性的目标和战略补贴挂钩，同时在干部晋升政策上倾斜。

在业务的快速发展期，对应的考核更多是规模增长优先，利润其次，关注的是产品的推出以及进入市场、关键项目获取，牵引快速做大规模。

而对于成熟业务，市场增长空间进一步扩大会受限，因此更多是利润改进优先，成长次之。

- 自己跟自己比，不断改进，牵引各组织发挥最大潜力。每一个组织都有自己独特的一面，应要求每天、每月、每年有所改进。

## ⊕ 设定组织责任中心

如前所述，企业经营管理的重点是组织绩效管理，而不是个人绩效管理。不同组织对企业的独特价值和贡献是不一样的，如果未有效区分组织的独特价值，进行有效的组织绩效管理，那么，不同组织之间可能出现"越俎代庖""互相掣肘"等现象，无法做到力出一孔，各个组织偏离企业战略意图的风险就非常大。

每个业务单元或部门都有其核心的责任，并非全部是利润中心，也并非全部是成本中心。基于公司的战略、客户价值满足，定义清楚各组织的责任及其全面预算体系，是激活组织的重要基础。通俗地说，责任中心是承担一定经济责任并享有一定权利的企业内部责任单位。

不同的部门责任定位直接影响组织对上级和流程目标的承接方式与范围，进而影响考核要素的设计模式。明晰的责任中心定位是组织进行战略解码的前提。责任中心设计的目的是根据部门职责、部门对组织的贡献及投入资源的控制或影响程度确定相对责任归属，以便更好地评估和激励。

清晰的战略是全面预算管理的基础，华为通过 DSTE 运营流程实现有效的战略管理。责任中心强调组织的一切成果发生在客户界面。责任中心是全面预算的基石，清晰地划分责任中心的目标、指标与责任，将每一个单元（BG、地区部、产品线、职能部门等）都做清晰的界定，让组织回归以客户为中心，围绕公司经营的整体目标努力，避免虚拟利润中心等管理手段影响以客户为中心。

2011 年前后，华为在 IBM 顾问的指导下，在集成财经服务 IFS 项目中，对组织进行责任中心的设计，通过匹配公司的管理体系、组织架构和责任现状，明确每个预算单元的责任中心类型和关键的财务指标，同时构建责任中心的一个建设流程，并且融入 HR、组织设立和预算流程。

华为的责任中心分类有收入中心、利润中心、成本中心、费用中心、投资中心，具体定义如表 5－2 所示。

表5-2 责任中心分类

| 责任中心 | 定义 |
|---|---|
| 收入中心 | 面向外部客户创造收入的组织，以追求规模和增长为主要目的。 |
| 利润中心 | 责任中心体系的核心，直接面向客户承担端到端责任，对利润负责的责任中心。 |
| 成本中心 | 为利润中心服务，是利润中心承担客户端到端责任的组成部分，投入与产出之间有着密切的匹配关系，对可控成本负责的责任中心。 |
| 费用中心 | 不直接面向外部客户，为其他责任中心提供服务，投入与产出之间无严格的匹配关系，对费用发生额、改进率负责的责任中心。 |
| 投资中心 | 以客户为导向，负责端到端的产品投资与生命周期管理，关注长期投资效果，以提升资产与资金的投资回报为主要责任的责任中心。 |

需要特别说明，各类责任中心的定位并无等级差别，只是责任和分工不同。责任中心定位主要依据部门对产出和投入资源的控制或影响程度。确定部门责任中心的方法是与公司及上级沟通。

部门业务管理模式发生变化，责任中心定位也有可能发生变化。例如，华为早期的技术支持部的主要功能是解决产品售后故障和保障客户网络正常运营，定位是成本中心，后来销售服务产品，转变成利润中心。

每一责任中心内部的子部门责任中心的定位可能与上级部门并不相同，具体与其应负职责相关。例如，华为财务系统中既有费用中心，又有利润中心。市场财经部是典型的利润中心，因此，融资销售额成为该部门的重要考核指标之一，融资销售解决方案设计也就成了该部门的重点工作。

华为的利润中心划分不是简单地依据一个维度，如产品线、销售区域或者客户维度，而是像任正非所说的"拧麻花"。华为主要有两类利润中心：

- 按照市场区域维度划分销售组织，将区域销售组织定位成利润中心。

- 把研发体系按照产品来划分为产品管理组织，将产品线定位成利润中心。

再通过连带责任，主要是销售毛利率、销售收入和经营活动净现金流，建立起两大利润中心体系经营单位的利润责任。

销售组织分产品的收入、利润和经营活动净现金流，同时也是产品体系分产品线的收入、利润和经营活动净现金流。

产品线降低成本，快速向市场推出优质、满足客户需求的有竞争力的产品，由此带来的利润、收入和现金流增长，也是对积极销售其产品的区域销售组织的绩效的贡献。

这种连带的利润中心责任体系促进了两大利润中心体系的合作，以共同将收入、利润和现金流做大。

供应链交付这类成本中心的责任中心是怎么运作的？华为在组织上引入了产品线运作管理部和公司运作管理办公室两级协调组织。产品线无法直接协调和控制的公共平台资源，包括供应链、交付、技术支援、产品行销、销售……这些都提交到公司运作管理办公室，由其纳入统一计划来统一协调。只要产品线把对资源的需求和计划准确地提交到公司运作管理办公室，公司运作管理办公室就会统一计划、统一下达、统一考核功能平台来完成。产品线除了参与公司的运作例会，还跟踪计划的执行，积极反馈执行中的问题，推动这些问题的及时解决。靠统一计划、统一指挥、统一协调和统一考核，贯彻责权对等、统一指挥的组织原则。因此，这种连带责任、不对称衔接的组织体制，需要强大的企业文化和业务执行力及干部管理体系才能落地。

# ⊕ 组织绩效 KPI 设计

在不少企业中，经常出现企业整体业绩不佳，但是各部门组织绩效好的现象。主要原因在于，组织绩效 KPI 设计不是以战略和端到端流程为导向的。

组织绩效 KPI 设计应该将重点放在牵引组织及其成员全力价值创造，不恰当的组织绩效 KPI 可能导致组织行为的短视，关注点不应该放在明察秋毫式的监督上，这样的管理成本实在太高了。

组织绩效 KPI 的设计应以产出可分配的价值为导向，同时要求足够客观且可量化。

## 什么是华为认可的绩效？

华为认可的绩效是为客户创造价值。客户的成功是华为"以客户为中心"的灵魂，组织绩效管理确保经营要素与客户价值主张的一致性。

华为的绩效管理是通过未来的增长机会来提升绩效，从六个方面找到绩效增长点。

- 机会：在市场中有哪些新的机会能提供新的解决方案并击中了客户的问题或痛点？

- 增长：解决方案是否具有比较竞争优势，是否能够保持业绩持续增长？

- 投入：未来投入什么能改善客户未来获取价值的能力和价值体验？

- 回报：未来做什么能帮助客户增加新的价值？

- 效率：未来做什么改善能降低客户的成本，提升客户的价值感知？

- 风险：有哪些风险会影响客户的长期价值？

## 组织绩效 KPI 设计方法

组织绩效 KPI 设计应该符合业务特点和发展阶段，通过 KPI 来牵引业务发展和支撑业务的成功。因此，洞悉业务本质和发展规律是制定组织绩效 KPI 的重要前提。

组织绩效 KPI 的主要设计方法如下：

- IPOOC 方法。请读者阅读第四章的相关内容。

- 平衡计分卡。平衡计分卡将组织的愿景和战略转变为四个维度：财务、客户、内部运作、学习与成长，组成绩效指标架构来衡量战略，如图 5-2 所示。

- KRA/KPI（鱼骨图法）。KRA（关键结果领域）方法引导企业思考：通过哪些关键成功因素，取得哪些关键结果，进而促成组织愿景和战略目标的实现。KRA 是指组织为了达成业务目标，不可或缺的、必须取得满意结果的领域，如市场地位、顾客满意、产品创新、组织文化等等。而 KPI 就是取得这些结果的关键驱动因素的衡量指标。从逻辑上来说，公司 KRA 及 KPI 表达了公司

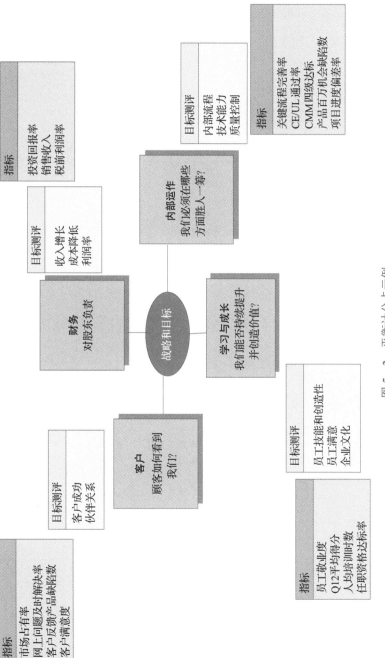

图 5-2　平衡计分卡示例

实现战略目标的路径。所以，可以用鱼骨图的方式来表达一个企业的 KRA 和 KPI，如图 5-3 所示。

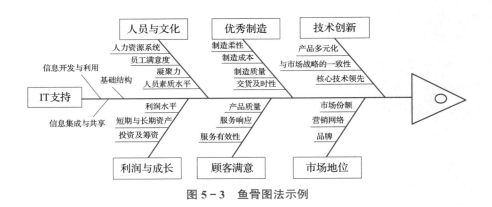

图 5-3　鱼骨图法示例

- 业务核心打法设计法。借鉴标杆实践的成功打法，结合自身业务特点，提炼业务核心打法，并针对性设计组织 KPI 指标，如图 5-4 所示。

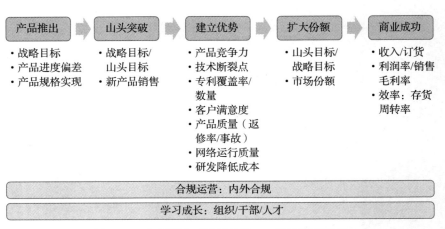

图 5-4　业务核心打法设计法——产品研发示例

- 流程－职责方法。部门是通过流程来创造价值的，基于端到端流程价值和组织职责设计组织 KPI，引导组织为构建简单高效的价值创造流程而努力。当职能 KPI 和流程 KPI 发生关联时，即职能 KPI 是流程 KPI 的过程性指标时，比如采购周期（属采购职能 KPI）是采购及时交付率（属采购流程 KPI）的过程性指标，应当以流程 KPI 代替职能 KPI，或以流程 KPI 为主，以体现既要明确分工，又要关注协作的原则。

笔者认为，不论采用哪一种 KPI 设计方法，最后都需要回归到基于部门定位，承载战略及流程要求，形成本组织的最终 KPI 集合。以战略为出发点，明确组织的关键结果领域、关键成功因素及达成路径，通过价值链和业务流程分析，识别价值创造的驱动因素和流程 KPI，进而归纳、提炼出各组织 KPI，如图 5-5 所示。

相对而言，基于战略、流程导向的 KPI 方法采用纵向和横向两个维度来分析和综合，可能显得复杂一些，但只有通过战略分解和流程导向分析才能够抓住 KPI 的本质，这样设计出来的 KPI 才能引导各部门在职能分工的基础上紧密协作，以实现企业的总体目标。

企业应该构建和完善流程 Metrics（衡量指标）和流程 KPI（KPI 可以看作 Metrics 的一个子集）管理体系。在这个过程中，企业可以借鉴行业标杆、企业标杆的成熟管理体系成果。例如，供应链运作参考模型（SCOR）是由美国供应链协会发布的跨行业标准供应链参考模型和供应链诊断工具。SCOR 模型将供应链界定为计划（Plan）、采购（Source）、生产（Make）、配送（Deliver）、退货（Return）五大流程，并从可靠性、响应性、灵活性、成本、资产五个绩效属性来识别绩效指标。

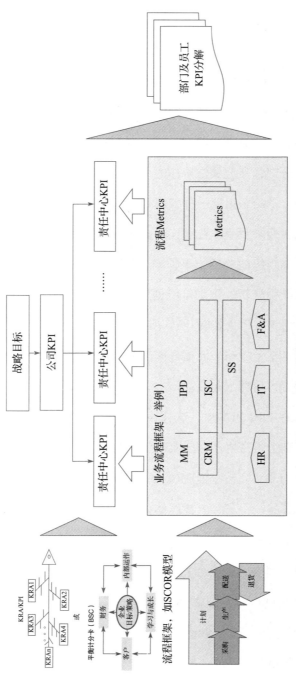

图 5 - 5　基于战略和流程形成部门 KPI

另外，组织 KPI 不是一成不变的，而是需要动态适配市场趋势变化、竞争环境变化和企业的战略意图。笔者认为，企业应该每年，甚至每半年正式梳理或调整一次组织绩效 KPI。

一般而言，真正用来考核组织的 KPI 只要 5～12 项就足够了。一个人及其所代表的小组所负担的 KPI 为 5 项左右较为合适。具体指标的选择需要根据年度业务计划和重点工作进行，视该组织的关键绩效表现而定。

仅仅用量化指标是不能完全衡量业务情况的，切勿过度追求指标量化。重点工作的近期目标及其关键里程碑需要进一步明确，即工作要做到什么程度，需要深入研究并提出有挑战性的目标。华为的组织绩效管理，从仅仅数字化指标的管理，发展到数字化指标与评议指标相结合。

## 各大组织的常见 KPI

产品线常见 KPI：

- 销售收入

- 产品销售比重

- 制造毛利率

- 贡献利润

- 人均销售收入

- 重点产品故障率

- 客户满意度

- 产品竞争力

区域销售部常见 KPI：

- 销售订货

- 销售收入

- 战略目标

- 市场份额

- 贡献利润

- 回款

- 人均销售收入

- 客户满意度

研发部常见 KPI：

- 销售收入

- 贡献利润

- 技术竞争力（技术标综合得分）

- 产品交付前置时间

- 产品质量事故等级

- 目标成本达成率

- 人均效率提升率

- 平台 /CBB（公共构建模块）重用率

- 开发周期改进

- 研发费用执行偏差率

- 干部梯队准备度

- 骨干员工流失率

服务部常见 KPI：

- 销售收入

- 服务收入

- 贡献利润

- 战略目标

- 服务成本率

- 初验按时完成率

- 人均销售收入

- 服务客户满意率

- 客户问题解决率

供应链管理部常见 KPI：

- 发货额

- 制造毛利率

- 单位发货制造成本率

- 客户满意度

- 合同按时齐套到货率

- 到货质量合格率

财经管理部常见 KPI：

- 费用率

- 净现金流

- **DSO**（Days Sales Outstanding，应收账款周转天数）

- **ITO**（Inventory Turn Over，库存周转率）

- 预测准确率

- 财报内控（关键事件）

## ⊕ 组织绩效 KPI 的权重和目标值确定

组织绩效 KPI 设计只是定义了考核的方向和结构性要求，接下来需要确定各项 KPI 的权重和目标值。

根据工作优先顺序和承担的责任来设计各项 KPI 的权重。一般而言，在平衡计分卡中，财务维度的 KPI 权重占 30% ～ 45%，客户维度的 KPI 权重占 20% ～ 30%，内部运作维度的 KPI 权重占 20% ～ 30%，学习与成长维度的 KPI 权重占 5% ～ 15%。对成熟业务的考核侧重财务维度；对新孵化或成长业务的考核侧重于客户维度。

KPI 的目标值是指一项 KPI 要做到什么程度才叫"做得好"。例如，一项 KPI 是山头目标的获取，那么，什么时候进入这个市场，占据多大市场份额，引入什么产品，应用在什么范围，这些目标必须做到什么程度，组织与上级才满意，这就是组织绩效 KPI 的目标值确定工作。因此，组织绩效 KPI 的目标值的确定，需要被考核的组织、上级部门和相关专业部门对业务情况（如市场容量、客户情况、竞争对手和自身能力等）足够熟悉，有深刻理解。只有这样，才可能下达相对合理的目标。

华为在确定组织绩效KPI的目标值时，采用四种比较法，简称"四比法"。

- 与行业发展趋势比。有一句话叫作"赢了竞争对手，却输给时代"。组织绩效应着眼于行业发展趋势和价值转移趋势。

- 与竞争对手发展比。组织绩效应该面向市场变化和竞争对手。例如，和我们同级别的竞争对手增长了100%，而我们却只增长了50%，如果没有和竞争对手的发展相比较，我们还以为自己增长得不错。对于这样的情况，市场占有率等相对指标比销售收入、销售收入增长率等绝对指标更能发现问题。因此，我们必须对标竞争对手，学习和吸收他们的优点，补齐自己的短板。

- 与企业内同类业务比。不同产品线、地区部／代表处等同类业务之间横向比较。

- 与自己过去比。"小改进，大奖励"，持续改进，牵引各组织发挥最大潜力。

"四比法"是比较省力又非常高效的方法。总而言之，定标比超，将企业组织绩效和标杆实践进行比较，找出差距，提出针对性解决方案，从而弥补自身的不足和实现目标。

华为将组织绩效KPI的目标值分为底线值、达标值和挑战值三个档次。其核心逻辑是企业期望对标预算，KPI 整体绩效达标。

- 底线值是战略落地最基本的业绩保证，一般为达标值的 80%。

- 达标值反映正常战略诉求的业绩，是比预算高一点的目标值。

- 挑战值是超出公司战略预期的业绩，一般为达标值的 120%。

组织绩效 KPI 目标值的计算方法是超过挑战值以 120 分计，低于底线值以 0 分计。KPI 总分 = $\sum$ 单项 KPI 得分 × 权重 + 关键事件加减分。

## ⊕ 组织绩效结果评估

华为在组织绩效管理上采用的是考核制。

绩效指标 KPI 应用于周期性绩效考评时，需要结合 KPI 本身的管理周期来确定。有些绩效指标的管理周期是半年甚至一年，在进行季度考核时，尚没有数据或者不便于统计出数据结果。只能用于年度考核（不能季度考核）的指标有第三方客户满意度、组织干部人才类 KPI 等。

在考核结果评议的时候，放在一起评议的主要是同一类组织或同一个组织内的下属组织，比如，产品线放在一起评议，同一大区内的代表处放在一起评议。在这里需要注意，没有必要把两类不同的部门考核结果放在一起评议，虽然它们可能对应着同一个或若干类似的 KPI。比如，对市场部考核销售收入，对供应链管理部也考核销售收入，主要牵引供应链管理部以市场形成收入为工作导向，是指标互锁。

个人绩效管理采用的是相对考评制而非绝对考评制。这是为什么呢？笔者认为绝对考评其实是一种极端的精细化考评方法。绝对考评有两大劣势：首先，绝对考评必然要求全面量化考核、精细化管理，管理成本非常高。其次，常常加大被考评者和主管之间的矛盾，甚至引爆无意义的内部矛盾，导致绩效管理掣肘业务的发展。

在个人 PBC 中，WIN 部分是达成部门业务目标所分配的定量或定性的结果性任务，EXE 部分需要各关键岗位写清楚达成部门分配的业务目标所需的关键举措和衡量标准 / 关键里程碑，在 TEAM 部分针对部门内以及跨部门的工作做了承诺要求，同时对于有主动承担 PBC 之外的事务有良好结果的，在 PBC 第四部分有额外的加分奖励。

个人绩效考评要"考"和"评"相结合。"考"要聚焦核心目标，确保责任结果达成；"评"要引导全面责任履行和适度跨界，确保组织节点之间无缝连接。"考"和"评"的对象各有侧重。"考"的对象是定量的结果性指标。"评"的对象一般包括三种情况：PBC 中关键过程承诺部分；责任范围内未纳入 PBC 的部分；岗位或角色之间的灰色地带，鼓励员工在做好本职工作的前提下主动跨界，避免出现"三不管"的工作空档。

对个人绩效采用"考"和"评"相结合的方式，目的是期望组织尽可能达到足球场上的效果，每个人既要守位又要补位，共同演绎一场攻势足球赛。

因此，个人绩效结果以"考"为主，以"评"为辅。定量的要"考"，占比达 70% 以上；定性的要"评"，占比不超过 30%。目前华为的绩效评价结果是由管理团队集体评议输出的，可以避免长官导向。同时，评价的结果要公开，以尽可能体现公平。

在华为，目标责任制员工的考评结果一般分为五档（绩效等级），如表 5-3 所示。绩效结果等级评价由各级管理团队来做，上一级的管理团队对下一级的考评只规定绩效等级（A、B+、B、C 和 D）分布的比例，不做具体的干预。

表 5-3　绩效评价等级标准

| 绩效等级 | 定义 | 描述 |
|---|---|---|
| A | 杰出贡献者 | 取得杰出的成果，业绩明显高于他人，是公司员工绩效的楷模 |
| B+ | 高于平均水平的贡献者 | 超越自身承担的工作职责，业绩超过大多数同事 |
| B | 扎实贡献者 | 始终如一地实现或超越工作期望；业绩达到（或超越团队）平均水平；工作可靠，展示出具有适当的知识、技能、工作有效性和积极性 |
| C | 较低贡献者 | 不能完全达到工作期望；业绩低于团队平均水平；<br>未能展示出应具备的知识、技能、工作有效性和积极性 |
| D | 不合格或不满意 | 不能履行工作职责，远未达成工作期望；明显欠缺应有的知识、技能、工作有效性和积极性 |

# ⊕ 组织绩效结果应用

组织绩效结果考核的目的是应用。组织绩效结果的应用有两个层面：组织层面和个人层面。

组织绩效结果在组织层面的应用主要有：战略落地和任务闭环管理（下一轮的战略复盘输入）；部分指标达成情况影响组织奖金包；组织内员工个人绩效结果的分配。

组织绩效结果在个人层面的应用主要有：组织负责人的绩效评价的主要输入；干部的选拔、晋级、淘汰。

绩效是分水岭，华为对干部选拔的标准是基于贡献。在华为，激励的原则和导向是，要在员工的最佳时期给他最好的角色，让他作出最佳的贡献，得到最合理的回报，及时赚到钱。

例如，2012年华为销售收入离目标还差2亿多元，虽然业绩依然稳步增长，有一些团队奋勇拼搏，取得重大突破，但结果并不如人意。余承东等高管自愿放弃了年终奖，把目标当作军令状。为此，任正非在2013年1月的市场大会上，亲自给余承东等高管颁发"从零起飞奖"。此措施只针对核心管理层，员工不包括在内。相反，员工有着高达125亿元的总奖金，比上一年增长了38%。

考评结果分档可以为后续应用提供前提条件，个人绩效结果应用如表5-4、表5-5所示。

华为坚持以组织绩效结果为导向，以事实为依据，分层分级进行干部调整。由各部门自查自纠，持续例行开展。

表 5-4　针对不同考核等级的结果应用一

| 考核<br>等级 | 工资调整<br>易岗易薪 | 奖金 | 饱和配股 | 福利 |
|---|---|---|---|---|
| A | 有机会，但必须同员工综合考核结果、任职技能状况挂钩，并纳入工资标准范围内管理 | 有机会，但必须同员工年度综合考核结果挂钩 | 有机会 | 与考核结果暂不建立对应关系 |
| B+ | | | 根据公司当年配股总量和综合考核排名情况确定 | |
| B | | | | |
| C | 不涨薪 / 降薪 | 很少或无 | 无 | |
| D | | 无 | | |

表 5-5　针对不同考核等级的结果应用二

| 考核<br>等级 | 干部任命<br>晋升 | 人岗匹配<br>晋升 | 任职资格<br>晋级 | 不胜任淘汰 /<br>干部清理 | 内部<br>调动 |
|---|---|---|---|---|---|
| A | 有机会，纳入继任通道 | 有机会，可进入成长快速通道 | | 无 | 有机会 |
| B+ | 有机会 | 有机会 | | | |
| B | 没机会 | | | | |
| C | 没有机会或考虑降职 | | 没有机会 | 进入个人绩效提升计划，监督绩效表现 | 没有机会 |
| D | 没有机会或降职 / 劝退 | | | 员工例行不胜任淘汰、行政干部末位淘汰 | |

- 中高层管理者年底目标完成率低于 80% 的，由正职降为副职或予以免职。

- 年度 PBC 完成差的干部，最后 10% 要降职和调整，且正职免职后不能提拔副职为正职。

- 每个层级不合格干部的末位淘汰率要达到 10%，对未完成年度任务的部门或团队，比例还可以进一步提高。

- 已经降职的干部，一年内不准提拔使用，更不能跨部门提拔使用。
- 关键事件评价不合格的干部不得提拔，或予以降职。

华为分配和激励的理念是以客户为中心的价值创造，以奋斗者为本，鼓励冲锋，多劳多得——粮食打得越多，奖金就拿得越多。任何组织和个人的物质回报，都是按比例来源于价值创造。这里的"劳"是指为客户、为公司所进行的价值创造，就是按收入、利润、投入成本等实际经营结果来生成奖金，与目标的制定无关。

华为的价值分配主要有两种基本的机制：获取分享制和评价分配制，这两个机制在一定意义上是互相对立、互相补充的。

获取分享制是指使公司里的任何组织与个人的物质回报都来自其创造的价值和业绩，作战部门（如销售组织、产品线）根据经营结果获取利益，后台支撑部门（职能部门）通过为作战部门提供服务分享利益。

华为强调奖金是自己挣来的，而非向上级索取的。奖金是由公司经营情况、组织绩效和个人绩效共同决定的。因此，各级组织和个人应主动思考自己通过为客户、为公司创造了哪些价值贡献来"挣取"奖金。

奖金是变动的，不是固定的。在公司经营状况好的时候，不同的组织绩效的奖金有差距；在同样的公司经营情况和组织绩效下，个人的奖金会因绩效结果不同而不同。获取分享制最大的作用是把公司在市场上的经营压力在内部传递，如果公司经营状况不好，员工也要承担经营的压力和责任。

因此，华为的分配原则是依据责任结果，学历、知识、工龄都不是回报的要素。只有作出了贡献，才能得到相应的物质回报，在公司获取机会。

获取分享制适用于稳定和成熟的业务，依据为公司创造价值的大小，遵照多劳多得的原则，以奖金的形式进行分配。

但是，获取分享制往往解决不了没有经济效益或者当期没有经济效益，暂时无法评价经济效益的业务场景。例如，孵化中的新业务、新市场的突破、战略意义项目、基础技术研究等，在短期内很难打开局面，获得销售业绩和利润。如果采用获取分享制进行价值分配，显然有失公允。

因此，这个时候就需要采用评价分配制来协同开拓"盐碱地"和守护现有的成熟业务"黑土地"之间的关系。

评价分配制提前设定一个基准的奖金包，平衡"瘦"的市场和"肥"的市场，并基于这个基准的奖金包设置一些关键的考核事项进行适当的调整。华为对开拓"盐碱地"并取得业务成功的干部和专家实行快速提拔，鼓励想晋升的干部努力走出舒适区，这也是一种政策和手段。

需要注意的是，即使是战略项目或新孵化的业务机会，也不能长期亏损，应该采用多种手段灵活打破经营僵局，如华为对于新技术的应用推广采用"鲜花插在牛粪上"等策略，推动业务进入"一年比一年好"

且持续缩小和业界标杆的差距的螺旋式上升趋势。

　　因此，组织绩效与战略脱节将导致"两张皮"现象——部门绩效完成但公司绩效未完成，没有力出一孔。组织绩效考核与激励过于短期化与精细化，将导致组织经营与管理行为过于短期化与泡沫化。组织绩效考核和激励不能错配业务特性与发展阶段，考核激励方案不能一刀切，不适应业务发展的多样化激励需求。总之，组织绩效考核和激励方案设计的基本导向是针对不同业务的特点，基于价值贡献来设计针对性的方案。

第六章

# 战略执行：通过运营管理保证战略落地

战略执行是通过布阵、点兵、造势，将战略规划和年度业务计划的成果付诸行动，并在执行中，通过市场结果、关键任务进展来检验与原先制定的目标计划的偏差，进行根因分析，采取措施纠偏，保证战略实施共振。战略执行其实是 PDCA 循环管理的过程。

对于大多数企业来说，战略已经制定出来了，但并没有得到实际执行或者执行得不彻底。企业应该通过运营管理支撑和实现战略机会点、战略意图的落地。华为在战略执行管理中行之有效的实践经验值得借鉴。

在这里，笔者提醒读者注意：本章的"战略执行"是指经过 SP（战略规划）和 BP（年度业务计划）战略解码之后，对 SP 和 BP 进行执行、监控和落地的过程；而不是指 BLM（业务领先模型）中的"战略执行设计"部分（即关键任务与依赖关系、正式组织、人才、文化与氛围）。

## ⊕ 运营管理的几个要点

### 战略管理团队

在华为公司，由谁来负责战略执行的运营管理呢？我们先来了解一下负责管理工作的团队：ST 团队和 AT 团队。

ST 是 Staff Team 的英文首字母组合。ST 团队是业务管理团队，由部门一把手来共同组成，主要是针对业务活动、业务事项。ST 团队运作机制是 ST 团队成员充分讨论，最终由 ST 团队主任决策。

AT 是 Administration Team 的英文首字母组合。AT 团队是行政管理团队。AT 团队成员是从 ST 团队中选拔出来的，AT 团队的职权范围是处理所有跟人的评价相关的工作。譬如说干部选拔评议、绩效考核、调薪、股权发放等。用集体决策的形式从一定程度上杜绝个人决策可能产生的弊端。

战略管理团队是 ST 团队。ST 团队成员在战略规划和年度业务计划中对战略达成力出一孔的共识，是战略高效且有效落地的核心。因此，通过战略规划方法论培训、战略务虚研讨会、战略管理的 M 级和 C 级会议、战略宣讲、战略对标等手段，持续达成战略共识。ST 团队通过例会的方式监管战略解码后的组织绩效、关键任务及重点工作的完成情况。

ST 团队的执行秘书角色一般由质量运营部来承担。执行秘书的主要职责有：

- 负责 ST 团队的日常运作及决策机制，包括日常的运营支撑。
- 负责 ST 团队日常决策的闭环管理等。
- 负责战略到执行的闭环管理、过程管理。

## 管理重点工作：重点工作按照项目来管理

在战略执行过程中，对于每一项重点工作都需要选对项目经理、领军专家及项目管理办公室，按照项目来管理，并在关键里程碑中进行决策评审。**PMOP**（Program Management Operation Process，项目群管理运作流程）是管理项目的流程，源于 IPD，借鉴 IPD 流程和理念，提供一个（多）项目管理的框架（PMOP 流程阶段既可以按照 IPD 的概念阶段、计划阶段、开发阶段、验证阶段、发布阶段和生命周期管理阶段六个阶段来组成，又可以根据实际需要调整阶段数量和名称）。

在 PMOP 结构化流程中，至少有三个决策评审点，要求项目负责人在 ST 会议上汇报。这三个决策评审点分别是任务范围和目标确定的评审点、改进计划和措施的评审点，以及项目结题的评审点，如图 6-1 所示。

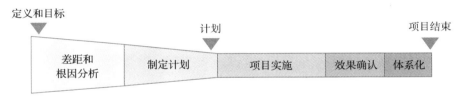

图 6-1 PMOP 的结构化流程

重点工作是战略执行的主要抓手，务必按照项目来规范管理。要制定项目 WBS 计划，并和相关人员沟通，将任务分解到位，确保相关人员认识到重点工作的重要性。

因为组织惯性和个体惯性的缘故，重点工作常常受到例行工作、临时突发事件影响而被忽视和拖延。因此，重点工作至少以双周为周期进行审视，确保方向正确、项目状态受控。重点工作不是一成不变的，需要动态审视和调整。根据公司的战略变化和内外部环境变化调整重点工作，然后左右对齐、上下拉通，确保是真正的重点工作。

笔者提醒一点，对于某些没有尝试过的关键策略和重点工作，要采用"精益创业"的理念和方法进行小范围的验证和试错：快速推出"最小化可行产品"，在不断的试验和学习中，以最小的成本和有效的方式验证产品是否符合期望和需求，灵活调整方向。在验证其有效性之后，再投入资源进行大范围推广和切换。也就是说，不管是新产品不符合市场需求，还是企业内部管理变革措施出现重大错误，最好能"快速地失败、廉价地失败"，而不要"昂贵地失败"。

## 管理投资组合及预算执行

对投资沙盘进行审视，及时发现、预警、解决问题。主要工作有：

- 根据外部环境变化、突发事件进行投资策略审视。
- 资源投入审视。如对投资数量（人／钱）、投资质量（如人力职级分布是否匹配产业诉求）及面向未来的投入单独审视。
- 投资回报审视。如审视成熟期和衰退期产业的投入产出比、成长期产业的规模和份额、投入期产业的竞争力。
- 投资复盘。识别复盘节点：累计盈利、当期盈利、ROI 等。复盘决策和投资过程，总结和提炼投资管理经验。

## 战略辅导：管理运营绩效

战略辅导通过运营仪表盘掌握 SP/BP 落地情况，并进行闭环管理。其中高效运作的核心活动就是以例会例行审视、奖惩激励措施保障持续改进和运营。

运营仪表盘闭环管理的环节主要有业务绩效方案设计、监控与分析、预测与预警、业务绩效改进。

根据在 SP/BP 阶段输出的各层级组织及各维度的绩效度量管理方案，构建量化的运营仪表盘（可以是平衡计分卡的形式），纳入例行化监控与分析机制。在运营管理例会（月度、季度及年度）中，由相关组织负责人展示绩效度量指标的实际表现。对于异常的绩效指标，进行预警和预测，分析根本原因，并制定出业务改进方案和计划。上一级的管理团队也会根据具体情况及时进行业务干预和纠偏，并警示和问责。

整个仪表盘以数字化运营为基础，包括数据地图、指标管理、平台运营和数据服务，服务于整个闭环，辅导整个战略落地。

另外，为了确保运营数据的正确性，由企业内第三方机构进行独立监督和审计。

## ⊕ 经营分析会是战略执行的最重要抓手

企业的中长期战略规划解码到年度业务计划之后，如何保障年度经营目标落地？在管理执行与监控阶段，最重要的抓手就是经营分析会。按照一定的周期（如双周、月度、季度等）组织和召开经营分析会，分析经营结果、经营差距、经营风险及新出现的经营机会，调整策略、行动和资源配置，将年度经营目标变成结果。

很多企业没有用好经营分析会这个抓手，所召开的经营分析会是漫议会（会议主题不聚焦，讨论漫无目的等）、诉苦会、邀功会、没有决议的低效低质会。主要存在如下问题：

- 开成汇报会，各业务领域负责人"排排坐"轮流汇报，根据自己的想法避重就轻汇报上个月的工作总结，展望下个月的工作计划。形势好的时候变成"表彰会"，形势不好的时候变成"批斗会"。没有聚焦年度业务计划和目标，大部分时候围绕月度计划和总结，"只见树木不见森林"。

- 只有回顾，没有预测和创造未来的机会。对于未来如何解决问题，提不出建设性的建议，没有制定未来必胜的行动方案和计划。

- 只有高管和分管业务领导在听、在不断提问和挑战，其他人员在没轮到自己汇报，或者他人汇报主题和自己无关时，就会处理邮件，甚至刷微信。

- 没有直面差距，没有分析根本原因，没有检讨流程机制建设上的不足。遇到重大经营问题推诿扯皮，各个部门都分析了原因，但都不是自己的责任，最终问题变成了公司系统性问题，大家也就认为出现问题是理所当然的。表面上是开会的问题，殊不知深层次原因是缺少自我批评文化和管理机制，没有建立干部的责任导向。

- 经营分析系统性缺失，没有延续性，对前期会议的决议没有回顾，解决方案不能从根本上解决问题，变成了每个月打地鼠，这个问题这次摁下去了，下次又冒出同类型问题。

华为对经营分析会的定位是作战会议、作战指挥系统，必须聚焦于集中力量打胜仗，目标是准确预测并达成年度经营目标。要分析如果年度经营目标完成了，是如何完成的，做好了哪些步骤，将关键动作提炼总结为标准操作分享；如果目标没有完成，是什么原因导致的，要找到根本原因和应对措施；还要明确下一次战役的目标、行动及需要的炮火是什么。

经营分析会一定要体现出以下特点：

- 聚焦目标：唯一的目标是年度经营目标（这个目标不可以随意调整）；对照目标谈结果、对照目标谈差距、对照目标谈行动。

- 聚焦问题：要发现业绩的差距，要发现经营的风险，要找到问题的根本原因以及行动方案。

- 聚焦机会：解决问题只能改善情况，真正帮助企业实现年度经营目标的是机会；要列出未来的机会清单；了解这些机会能否支持年度经营目标；对准机会谈策略行动与资源。

在华为内部有"一报一会"，其中"一报"是经营分析报告，"一会"是经营分析会（又称经营分析报告讲解会）。从 2008 年开始，华为将"一报一会"普及到全球所有代表处。华为开展"一报一会"的目的是让代表处管理者学会运用财务分析方法，通过对财务指标的解读，找到业务中存在的问题，并采取措施加以改进。经过一年多的努力，"一报一会"工作取得了一定的成绩，从报告编写、会议组织到代表讲解都已步入轨道（摘自 2008 年 12 月 31 日华为《管理优化》报第 323 期）。

一般而言，经营分析会在公司、经营管理者和员工层面均发挥着重要作用。

- 对公司来讲，"一报一会"是年度经营计划落地的抓手，服务于战略落地。

- 对经营管理者来讲，"一报一会"作为管理工具，可提升自己的管理水平，提升组织能力，提升业务的精细化运作，通盘审视KPI，扭转一些主管重产出结果、轻过程指标的思想，促使企业经营者由职能 / 领域负责人向总经理转身，"一报一会"恰似一根手杖，可以帮助站稳，也能探路。

- 对员工来讲，"一报一会"统一语言、统一工具、统一模板、统一动作，提高效率，促进对财务管理知识的理解，提升职业化水平。

经营分析报告是高质量经营分析会的基础。要想开高质量的经营分析会，必须提前写出高质量的经营分析报告。如果经营分析报告质量不高，不能将问题、风险和机会曝光出来，就不可能提高会议质量。

华为的经营分析报告主要包括两个内容：经营主报告和业务报告。

## 经营主报告

经营主报告是公司或各个经营单元的主作战计划。经营主报告是经营的仪表盘，核心价值是将目标以及与目标的差距、核心经营问题、风险和机会非常充分、直观地暴露。一般由 CFO 负责输出。

受人性和组织文化的影响，很多经营单元和负责人不愿暴露自己的问题。因此，华为强制要求，如果在经营主报告中，晒成绩邀功超过 3句，可能要被踢下去，因为华为认为对公司真正有价值的成绩，公司已通过奖金和晋升机会奖励过。应该极力避开不谈差距、不找根因和不做预判等误区。

## 业务报告

业务报告是经营单元的业务作战计划。业务报告是命题作文，核心价值是分析解决问题、预测机会、搞定全年目标。一般由业务部门主管负责输出。

业务报告直面问题和差距，刨根问底，不挖出根因不罢休，形成团队的战斗作风和标准动作，从而实现闭环管理。

一份高质量的业务报告通常包含五个方面的内容，即全年预测，聚焦差距和根因分析，输出机会清单，配套相应的资源和形成明确的行动计划，输出待决策事项。

### 全年预测

华为认为"预测是管理之魂"。只有预测未来，才能创造未来，才能管理未来。正因为如此，全年预测是经营分析报告之魂。

滚动预测是在现在时点，基于现实对未来的业务趋势和关键事件进行估计和推断，并进行资源安排及制定相关财务计划，以确保经营稳健及经营目标的达成。开展滚动预测的目的主要有：识别风险并管理风险；寻找新的机会点，进行策略调整与资源的动态配置；实时调整达成目标的"路标"，使其具有可行性；实现财务计划综合平衡。

华为通过滚动预测实行动态监控，滚动预测的主要工具是 3 个GAP（差距）和 3 个 List（清单），如图 6-2 所示。

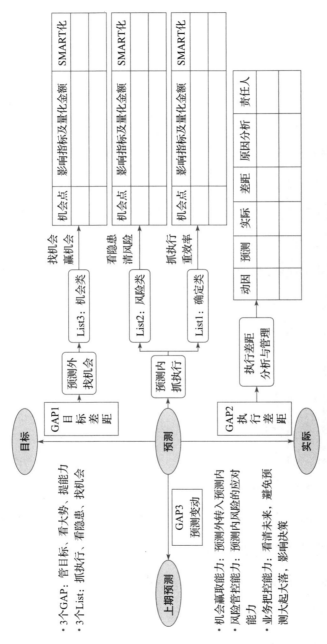

图 6－2  滚动预测的主要工具：3 个 GAP（差距）和 3 个 List（清单）

其中，3个GAP（差距）分别如下。

GAP1：目标差距，即目标与预测的差距。预测内抓执行，预测外找机会。

GAP2：执行差距，即预测与实际的差距。加强对差距的分析与管理。

GAP3：预测变动，即本期预测与上期预测的差距。

3个List（清单）分别如下。

List1：确定类清单，抓执行，重效率。

List2：风险类清单，看隐患，清风险。

List3：机会类清单，找机会，赢机会。

通过提升机会赢取能力，将预测外转入预测内；加强风险管控能力，即预测内风险的应对能力；提升业务把控能力，看清未来，避免预测大起大落，影响决策。

滚动预测以经营计划／目标、KPI为基点，通过月度经营分析会完成"滚动预测—任务令—偏差分析"等动作，以建立经营管理的闭环。

**聚焦差距及根因分析**

分析实际业绩与目标／预算之间的差距，需要按照产品、渠道、区域、客户群等维度打开并找到产生差距的根本原因。主要的方法是五步分析法，即打开分类、数据量化、归因于内、解剖麻雀和构建流程机制。

**输出机会清单**

对照全年预测和差距，寻找弥补和目标之间的缺口的未来机会在哪里。没有机会支撑的目标和预测是"喊口号"，没有对准机会的策略、行动计划和资源配置是"放空炮"。所以，未来的机会才是价值和灵魂之间。

**配套相应的资源和形成明确的行动计划**

对照全年预测，按照"五个一致性"要求进行闭环管理。"五个一致性"指五个要素（机会、目标、策略、行动计划、资源配置）要对齐，保持一致性，将机会"照进现实"。

"五个一致性"要求企业输出机会清单：机会有多大（如前所述，机会分三类：确定类机会、风险类机会和机会类机会）；我们想抓多少，机会决定目标，目标背后是机会；对准机会和目标，应对策略是什么，我们要什么，不要什么，策略要对准机会；要让策略落地，什么日期做哪些事项，要取得什么结果，也就是我们的行动计划；行动计划需要投入什么资源。

**输出待决策事项**

单独列出需要讨论和决策的事项，以便与会人员讨论并形成决议。

## 经营分析会组织要点

在高质量的经营主报告和业务报告的基础上，再加上对经营分析会的有机组织，才能帮助企业更好地将年度经营目标变成经营结果。一般而言，组织高质量的经营分析会有四个要点。

- 高质量的议题和会议通知。会议议题必须聚焦目标、聚焦问题和聚焦机会，不只是按部门顺序"排排坐"汇报。

- 精选参会人员。议题决定了哪些人来参加会议，要么过来做报告，要么过来讨论问题做决策，而且只在指定时间参加指定议题，减少"陪会"。

- 提前准备。一定要在会前提前准备：提前做命题作文，业务负责人提前思考和分析；会前跨部门讨论，协同达成一致；能会前解决的事情不上会讨论。

- 高效议事及任务令。会中高效决议、下达明确的任务（SMART行动计划）。针对会议决议和行动计划有专人跟进，确保落到实处。

经营分析会的召开频次有月度、季度、半年度、年度。对于特别重要或者变化快速的业务，也可以召开周度经营分析会。

经营分析会是从基层经营单位开始，层层往上开，逐步收敛。通过每一层级分析差距并承诺目标及行动，CFO 总结阶段经营结果，直指差距，点出问题。各单元暴露销售、产品、交付、成本等问题，直指差距，承诺下一阶段目标和行动。经营分析会主持人总结并下发会议决议，通过计分牌跟进执行进展。下月经营分析会第一页展现决议执行结果，有偏差要分析根因，在改善会后再开主题会，之后高管和专家要去一线指导和参与战斗。

第七章

# 战略评估及复盘：让组织缺陷自愈

战略复盘是经过一定周期的战略执行之后，收集实际的市场结果和业务进展情况，将战略执行的反馈和原先制定的战略目标（或刷新后的战略）对比，来检验战略制定、解码到执行的过程中的偏差，反思有什么差距、是否需要纠正，进行根因分析和找出针对性对策，并加以持续改进的过程。同时，战略复盘也可以总结业务的成功经验和规律，复制推广，帮助企业把偶然成功变成必然成功。

企业处于 **VUCA**（Volatility，Uncertainty，Complexity，Ambiguity，易变性、不确定性、复杂性、模糊性）的背景下，市场竞争激烈、环境变化快，企业在年初制定的战略目标、战略举措及相关行动计划，是当时对未来的一种预测。一旦市场竞争和环境发生变化，战略目标和战略举措以及相关的配套方案就要相应调整。因此，战略复盘趋于短周期、例行化及快速调整。

战略评估及复盘阶段不仅仅针对项目业绩、团队及组织绩效和个人绩效进行审视，还包括针对管理体系的评估优化。任正非曾说过："用规则的确定性，来应对市场的不确定性。"一个企业最大的浪费就是经验的浪费。如何把经验和教训转变成能力，不在过去摔过的坑里重复摔跤，把成功的经验实现规模复制，必须依靠管理体系的持续进化——持续进行管理体系的全流程、全要素固化和优化。例如，华为的集成产品开发（IPD）管理体系中的产品结构化开发流程，一般由概念阶段、计划阶段、开发阶段、验证阶段和发布阶段组成。华为对产品开发项目的复盘不仅仅是在整个项目收尾期的项目总结，在每一个阶段的尾期都需要开展项目经验教训总结。

因此，上一个周期的战略管理实践的经验教训应该得到提炼，并优化和吸收到下一个周期的战略管理中。

## ⊕ 构建自我批判的复盘机制

如前所述，在中长期战略规划启动前，就要进行业绩差距和机会差距的分析，并找出根本原因，确定相关责任人。因此，战略评估及复盘贯穿端到端的战略管理流程。

华为的核心价值观之一是"坚持自我批判"，这为华为的战略评估及复盘奠定了良好的基础。任正非认为人性是厌恶"自己被他人批评和指责"的，但是华为要追求进步和为客户创造价值，重要的武器就是"坚持自我批判"。

华为的自我批判开展的范围非常广。自上而下，各层级领导者和管理者，包括任正非本人都须作出榜样；从一线作战单元到管理部门，客户线、销售线、产品线、职能线等皆需开展。

华为的重大管理事件及问题一般会刊登在内部的《管理优化》报上，全体员工都要学习和借鉴改进，管理干部通过民主生活会、QCC 品质圈等方式传承和固化经验教训。

华为从组织和流程上确保战略评估及复盘的落地。华为在经营分析会、干部述职汇报总结中，要求负责人首先从"摆数据、找差距"开始，聚焦差距和不足，找出自身的根本原因，持续改进，为客户创造更大的价值。不少企业的管理者在会议上更多的是报喜不报忧，害怕暴露和剖析自己的不足，担心影响到自己的威望和利益。对于不愿意或不能够开展深度复盘的干部，华为的做法是"请其让位"。

复盘不仅要审视结果，更要善于回顾过程。复盘的结论是找到达成目标的关键成功因素。因此，复盘的结论需要排除偶发性因素，能够进行交叉验证，能够形成可操作的程序以便后续他人执行。

关于复盘的分析方法，请参阅本书第三章有关差距分析的内容。


## ⊕ 战略健康度审视

战略健康度审视主要是对上一个战略规划和战略解码相关工作的回顾和审视，一般在制定新一轮战略规划前进行，一年一次。战略健康度审视根据环境变化进行纠偏以及阶段性复盘，主要活动有：审视战略执行中存在的问题或偏差，及时调整战略；分析市场环境变化（宏观、客户、竞争对手及关键技术等），及时调整战略；阶段性复盘，提炼经验和教训，包括组织、流程、激励机制。

战略健康度审视又分为短期和长期两个量度。

短期关注的是战略执行是否良好，侧重于战略执行，包括审视关键战略举措执行与目标达成情况，评估战略执行进度与计划进度的差距，识别执行中的关键问题、障碍与风险并提出建议措施，审视结果作为下一轮战略规划输入。

长期关注的是战略是否正确有效、是否需要调整，侧重审视战略健康状态，包括审视战略是否带来预期结果，识别行业/竞争/市场需求变化带来的机会或威胁、对现有战略的影响，识别更新或调整现有战略的问题、战略性挑战与环境风险，审视结果作为下一轮战略指引输入。

一般而言，可以按照下面六个维度展开战略健康度审视。

- 机会：我们抓住了什么机会？没抓住什么机会？比如竞争对手的某款产品热销，我们却没有推出相应的产品。

- 客户：已经选择我们的客户为什么选择我们？没有选择我们的客户为什么没有选择我们？了解我们成功的原因，也分析客户流失的原因。

- 竞争：发现竞争对手与自己的长处和短处都有哪些，特别是竞争对手的长处和自己的短处，输出 HTL（How-to-Learn）和 HTB（How-to-Beat）策略，一边向竞争对手学习，一边打击竞争对手。

- 产品竞争力：明白在产品和营销方面自己比竞争对手强或者竞争对手比自己强的地方在哪里。是成本领先还是差异化？在产品、服务还是营销上有优势？

- 运营效率：重视财务三张表，产品版本、周期、质量、返修周期等。
- 组织关系和管理：关注考核关系、汇报关系，业务流的完整性，IT 建设、数字化转型等。

总之，战略健康度审视主要是回顾过去、检讨差距，为下一轮战略规划和战略指引提供输入。

最后，回顾开发战略到执行的全过程。

从双差分析（业绩差距、机会差距）开始，然后进行市场洞察"五看"（看趋势、看市场 / 客户、看竞争、看自己、看机会），接着"三定"（定未来的目标、定未来的策略、定未来的战略控制点），明确战略意图、创新焦点及业务设计，这是战略设计部分。战略执行设计围绕战略意图和业务设计来梳理关键任务与依赖关系，接着进行正式组织、人才管理和文化与氛围的构建和优化。

在战略规划之后，紧接着实施年度业务计划。通过层层的战略解码梳理出各层级的关键任务 / 重点工作、绩效指标及其支撑管理方案和计划，达成上下级同心、跨部门互锁的策略和行动方案。

在战略执行中，通过高度负责的管理团队、强有力的运营管理保障推进战略规划和年度业务计划的执行，主抓重点工作的突破和推进，召开周期性例会分析差距，采取措施及时纠偏和快速迭代。

战略不是一成不变的，战略管理是一个不断优化的过程。通过战略评估及复盘不断审视市场价值转移趋势的变化以及市场不确定带来的影响，反思自身战略管理的不足，持续优化和提升战略管理能力。

在开发战略到执行中，领导力和价值观要贯穿始终。领导力是根本，是引擎，要把握方向，坚定执行。价值观是基础，是初心，在战略管理中要不忘初心，坚守初心。

最后，有句话送给大家："没能实现的战略就是吹牛皮，能实现的吹牛就是战略。"关键问题在于能不能实现、能不能持续实现。用任正非的话来说，就是"从胜利走向胜利"。

# ✥ 变革进展指数（TPM）

**TPM**（Transformation Progress Metrics，变革进展指标）用来衡量管理体系在华为的推行程度和推行效果，并找出推行方面的不足与问题，不断改进，推动革新与学习，提高业务与管理水平。

正如华为轮值 CEO 郭平 2014 年 6 月 16 日在华为"蓝血十杰"颁奖大会上的致辞：经过 15 年努力，华为的管理方式已经从定性走向定量，从"语文"走向"数学"，实现了基于数据、事实和理性分析的实时管理。笔者认为，TPM 是一种采用量化数据衡量变革进展及成果的方法。TPM 将管理体系的成熟度评估划分为五个层级：试点级、推行级、功能级、集成级和世界级，如图 7-1 所示。

例如，IPD 的 TPM 推行分为五个级别：试点级、推行级、功能级、集成级和世界级，分别对应 0～1 分、1.1～2 分、2.1～3 分、3.1～

|  | 试点级<br>0～1.0 | 推行级<br>1.1～2.0 | 功能级<br>2.1～3.0 | 集成级<br>3.1～4.0 | 世界级<br>4.1～5.0 |
|---|---|---|---|---|---|
| 变革程度 | 试点运作 | 正在推行<br>（>20%） | 继续推行<br>（>60%） | 推行工作完成<br>（>80%） | 完成推行<br>（100%） |
| 结果衡量标准 | 衡量标准<br>不明确 | 明确衡量<br>指标 | 在关键的衡<br>量指标上取<br>得改进效果 | 在关键的衡量<br>指标上取得重<br>大改进效果 | 在关键的衡量<br>指标上达到业<br>界最佳绩效 |
| 业务结果 | 市场与研<br>发对接存<br>在断点 | 从局部，个<br>别单元开始<br>试点 | 已经获得可<br>复制的成功<br>经验 | 持续成功 | 实现持续改进 |
| 能力要求 | 开始变革<br>行为 | 完成流程设<br>计和团队建<br>设，进行试点 | 流程在多数<br>产品线得到<br>应用 | 流程在公司<br>得到应用 | 持续优化 |

图 7-1　TPM 的评估标准

4 分、4.1～5 分。华为曾聘请 IBM 的 IPD 专家对当时的研发管理体系
评分：华为 2003 年的平均分只有 1.8 分，2004 年达到 2.3 分，而当年
的目标是 2.7 分。按照 IBM 专家的意见，一家真正管理高效规范的跨
国公司，其 TPM 分值应达到 3.5 分。任正非 2016 年 8 月 13 日在华为
IPD 建设"蓝血十杰"暨优秀 XDT 颁奖大会上提到："历经八年，研发
IPD 团队从 2008 年的 3.2 分提高到今天的 3.6 分，这 0.4 分是跨时代的
进步。因为 3.5 分以下的 IPD 开发是相对封闭的，封闭在研发内部，没
有与相关流程关联，这 0.4 分代表 IPD 与相关流程关联了，做到这样的
突破，为公司的发展奠定了坚实的基石。"

　　不同管理体系的 TPM 评估标准包含的内容不太一样，需要结合管
理体系自身特点和标杆实践来确定。例如，IPD 的 TPM 包括九个领域：

业务分层、异步开发、结构化流程、基于团队的管理、产品开发、有效的衡量标准、项目管理、共用基础模块、项目管理和以客户为中心的设计。每一个领域的 TPM 都有七个评估项目：符合度、及时性、战略、完整性、准确性、效率／成本及受控。

　　每个评估领域都会有一组细分的问题，帮助评估者理解在给各评估领域评分时应该考虑哪些维度和内容，这些问题帮助公司决定采取什么行动以持续改进工作。问题随着变革推进过程中的持续改进可能出现一些变化。每个问题将从推行程度和效果两个维度进行打分，打分标准如表 7-1 所示。

表 7-1　TPM 的评估标准

| 推行程度 | | 效果 | |
|---|---|---|---|
| 得分 | 打分标准 | 得分 | 打分标准 |
| 0 | 未实践 | 0 | 未实践：成效不明显 |
| 1%～20% | 试点：受控，有限的引入 | 1%～20% | 试点：有部分成效；流程有较大缺陷 |
| 21%～40% | 推行：在部分产品线／产品系列中开始推行 | 21%～40% | 推行：关键衡量指标有部分改进；运作稳定；流程缺陷较小 |
| 41%～60% | 功能：在大多数产品线／产品系列中推行；行为正在发生变化 | 41%～60% | 功能：大多数衡量指标得到改进；实施有成效 |
| 61%～80% | 集成：完成推行；文化已经变化 | 61%～80% | 集成：大多数衡量指标有很大改进；实施非常有效；流程没有缺陷 |
| 81%～100% | 世界级：与新的 IPD 构想保持一致 | 81%～100% | 世界级：实施质量不断提升 |

　　TPM 的评估方式是参与评估的人员通过沟通，一起给每个问题打分，而不是每个评估人员各自打分。采用增量打分，即在前一次得分的基础上，根据本期所做的工作，对得分进行修正。同时对得分上升和下降的原因进行说明，形成会议纪要。在评估中，对问题进行排序，输出优先级高的问题清单及行动计划。

第八章

# 战略驱动变革，变革保障战略落地

华为 2003 年从美世咨询公司引入 VDBD 方法论，2009 年引入 IBM 的 BLM，2011 年引入 BEM 战略解码体系，至今形成的 DSTE 管理体系是华为近 20 年变革的结晶。

华为的战略管理变革之所以能够成功，是因为华为引入和吸收了优秀战略管理方法论和工具，对里面的各个管理模块研究透彻并加以实践，在实践过程中反复思考，再根据遇到的问题引入配套的方法论和工具，最终形成涵盖不同层级、不同业务的具有可操作性的战略管理流程体系。

笔者在企业内训、管理咨询项目中，发现不少企业更多是抱着"试听""观看"的心态，而不是抱着实践和复盘的决心。正如美国通用电气前 CEO 杰克·韦尔奇在应对企业家提出的问题时说的一句话：你们都知道了，我们做到了！

华为把"持续管理变革，实现高效的流程化运作，确保端到端的优质交付"作为以客户为中心战略的四大战略构想之一。

华为在 2020 年的营业收入为 1 367 亿美元，2B、2b、2C 等多种业务都取得巨大的成功。华为的管理是在保持一套流程体系、主干相同的前提下，末端高效、灵活、定制，各业务线的流程已经成为业务的真实反映和有效指导。

华为所在的行业及从事的业务和很多公司有所不同，华为的管理体系不能照搬硬套。不过，这并不妨碍我们学习和借鉴助力华为业务成功的管理哲学、思维模式、实践态度和有效的管理策略。很多企业需要虚心学习华为如何将战略和管理变革从规划到执行落地的一整套方法论，更为重要的是，在学习之后要有策略和计划地在工作中推进管理变革。

## ⊕ 持续管理变革，提升组织能力并抓住战略机会点

在华为的 DSTE 管理体系中，战略规划和年度业务计划不只是业务的战略与规划，还包括组织、人才、流程及管理体系的变革战略与规划。

在战略转型中，企业为什么要持续进行管理变革，打造适配战略要求的组织能力？

战略规划和年度经营计划确定了方向及路径，战略落地最大的挑战是组织能力。研究表明，80% 的企业遇到困难不是因为缺乏正确的战略，而是缺乏管理规模企业所需要的组织能力。

任正非说过：抓住了战略机会，花多少钱都是胜利。因此，企业要聚焦战略转型的关键任务，投入足够资金，打造组织能力，为抓住战略机会赢得时间，因为浪费战略机会的成本最高。

变革规划就是为了支撑业务，脱离战略目标的变革规划只是"表面

业绩"。

华为每年在管理变革上的投入占营业收入的 2% ～ 3%。华为把能力规划到平台，持续投入到流程、组织、IT 等体系建设中，把个人的经验、技能、客户关系积累等固化到公司大平台上，提升组织能力，使得业务可重复成功，不过度依赖个人。

战略是业务发展的目标，变革其实是一种组织能力，而能力应该为业务服务。任正非在 2015 年市场工作会议上提到："变革的目的就是要多产粮食（销售收入、利润、优质交付、提升效率、账实相符……），以及增加土地肥力（战略贡献、客户满意、有效管理风险），不能对这两个目的直接和间接作出贡献的流程制度都要逐步简化。这样才可能在以客户为中心的奋斗目标下，持续保持竞争的优势。"变革应该对准目标，打通流程，提升组织和个人能力，构建 IT 系统，改善数据。

变革战略和规划主要有两个方面：

- 围绕新的战略意图、业务设计及关键任务，构建与之适配的组织能力。例如，华为原来主要是面向电信运营商的 2B 业务，后来转型为面向消费者的 2C 业务和面向企业的 2b 业务。不同业务的业务设计和关键任务截然不同，因此，业务流程和组织能力也大不一样。
- 已有的业务流程和组织能力需要进一步提高效率和效果，达到更简单、更及时、更准确的业务要求。

当然，战略管理（含市场洞察、战略规划、战略解码、战略执行和战略复盘等）其实也是组织业务能力建设的有机组成部分。

总而言之，管理变革要围绕战略规划的目标进行，还要在战略管理中推动管理变革。

## ⊕ 如何对待和践行变革管理？

什么是变革管理？变革管理就是为实现变革成功而对变革过程中涉及的所有人员从行为、文化、技能等方面进行管理的过程，具体包含流程、组织和 IT。

一个残酷的现实是，企业开展各种变革，完全成功的比例大约是8%，完全失败的比例大约也是 8%，绝大多数处于成功和失败之间，而且偏向于失败一侧。

如图 8-1 所示，统计发现，变革项目无法交付满意结果最普遍的原因是员工的抵触和赞助人支持力度不够。因此"松土"在变革过程中尤为重要，而比这个更重要的就是领导的变革决心。如果领导没有坚定的决心，就可能会因为变革过程中员工的抵制而动摇，甚至可能放弃变革，因此领导的变革意识非常重要，是变革的重中之重。任正非强调，IPD 关系到公司未来的生存与发展，各级组织、各级部门都要充分认识到它的重要性；IPD 要培训、培训、再培训，让考试不合格者下岗。这些体现了任正非的变革决心，也是华为 IPD 变革成功的重要因素。

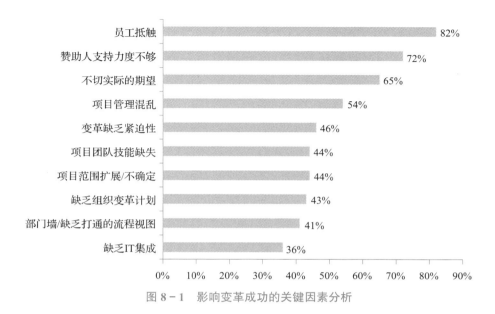

图 8－1　影响变革成功的关键因素分析

　　组织和个体本身存在思维惯性和行为惰性，组织惰性尤为严重。组织和个体在适配战略转型要求的过程中，肯定存在思想认知不足、行为模式僵化，乃至职责推诿等现象。

　　变革阻力很大一部分来自"牛人"及其利益相关者。以华为1998 年前后的产品研发为例，产品研发都是依靠英雄，要是产品项目没一个牛人，可能就搞不好。一个项目能否取得成功，主要靠"牛人"和"牛气"（运气）。华为轮值 CEO 郭平回忆：刚进公司做研发的时候，华为既没有严格的产品工程概念，也没有科学的流程和制度，一个项目能否取得成功，主要靠项目经理和运气。他负责的第一个项目是 HJD 48，运气不错，为公司赚了些钱。但随后的局用机就没那么幸运，亏了。再后来的 C&C08 交换机和 EAST 8000，又重复了前面的故事：C&C08 非常成功，同期的 EAST 8000 却成了"易死的 8000"。这就是 1999 年之前华为产品研发的真实状况，产品获得成功具有一定的偶然性，可以说那时华为的研发依靠的是"个人英雄"。

为了能够按照可预期目标持续开发出新产品，公司要开展 IPD 变革。这就需要将很多原来由"牛人"所负责的"黑盒"工作进行分解和透明化，最终演变成可受控的"白盒"模块和过程，而且要求"牛人"按照流程执行业务活动，按照模板输出文档。但是"牛人"会觉得受到了束缚或增加了工作量，必然会抵触。

那么，应该怎样破解这些难题？

首先，企业应该深入了解和洞察市场的变化，学习同行或跨界标杆企业的实践，通过让干部和员工"目睹"一些"关键事件"，给他们带来震撼和启发，激活他们的思想，从思想上留下变革的空间，为后面具体的变革奠定基础。很多企业非常好奇华为那么热衷于管理变革，这其实跟任正非和华为高管的眼界有关。20 世纪 90 年代，在度过生存期之后，任正非和华为高管多次访问美国、日本等发达国家，努力寻找解决华为当时的问题的管理之道。任正非和华为高管既看到了中国与国外的科技企业的人均效益及效率的巨大差距，也看到IBM 通过卓有成效的管理变革让"IBM 这头笨重的大象重新跳起舞来"……当初所做的一切奠定了华为虚心向世界级领先企业学习管理的基础。

任正非劝告华为干部和员工有一个三段论：

● 触及自己的灵魂是最痛苦的。必须自己批判自己。

- 别人革自己的命，比自己革自己的命还要困难。要允许别人批评。

- 面子是无能者维护自己的盾牌。优秀的儿女，追求的是真理，而不是面子。

这三段论概括起来就是要学会自我批判，要允许别人批判自己，不能太顾面子。曾国藩曾经说："天下事，在局外呐喊议论，总是无益，必须躬身入局，挺膺负责，乃有成事之可冀。"

其次，从一些具体的变革项目开始，挑选敢于破局的优秀干部和员工进入变革项目进行示范，去带动整个组织由点到面地开展管理变革，从而激发整个组织的活力。

另外，管理变革必须有深层次的文化支持，变革本身是文化塑造的过程。只有这样，管理者和员工才能认同变革是"常态"，而非"非常态"，这是支撑变革落地的积极开放的企业文化和组织氛围。

当然，万事开头难，在早期，华为内部并没有形成变革文化，没有变革管理和风险防范的经验。华为的干部和员工还只是"土八路"，对西方卓越的管理体系（如集成产品开发、集成供应链管理等）这些"舶来品"非常不认同，认为这些管理体系束缚了自己原有的工作行为习惯并影响到自身的利益。有些干部甚至有意挑战顾问，意欲将变革引向溃败。后来，在任正非的坚持下，华为人习惯了"三年一小变，五年一大变"。再后来，华为根据市场变化和竞争需要，主动追求"三月一小变，一年一大变"。

在业务变革管理中，非常重要却棘手的事情是让变革的利益相关者能够接受和配合新的变化。这也是一件非常有挑战性、考验企业核心高管团队变革魄力的事情。在必要的时候，需要果断取舍，甚至牺牲一定的利益来推进整个变革。

## ⊕ 华为的变革管理机制

华为持续进行管理变革，目标是建立一系列以客户为中心、以生存为底线的管理体系，摆脱企业对个人的依赖，使要做的事，从输入到输出，直接实现端到端，控制有效的连通，尽可能减少层级，使成本最低、效率最高。

这个管理体系在规范运作的时候，企业之魂就不再是企业家，而变成了客户需求。客户是永远存在的，这个魂也是永远存在的。这些管理方法论是看似无生命实则有生命的东西。这体现在管理体系会代代相传，越来越成熟。

企业之间的竞争说到底就是管理的竞争，华为能够持续发展的根本原因是管理的不断进步。当华为从强调规模的创业成长阶段，转向强调效益的持续发展阶段之后，唯有不断地进行管理变革，才能建立起一系列以客户为中心、以生存为底线的管理体系，实现高效的流程化运作，确保端到端的优质交付，达成质量好、服务好、运作成本低、优先满足客户需求的目标，从而获得支撑持续发展的核心竞争力。

有效的变革管理可以改进组织的运作效率，把变革对组织的影响降到最小。华为经过多年卓有成效的管理变革实践，已经将变革的基因融入企业的文化，并形成了一整套行之有效的管理体系：**BTMS**（Business Transformation Management System，业务变革管理体系）。

华为以客户为中心的价值创造管理体系，请参阅本书第二章相关内容。

## 采用 BTMS 管理公司变革项目

变革是一项系统工程。华为将管理变革视为待开发的新产品，以做产品的思维做变革，借鉴集成产品开发（IPD）管理体系来管理变革过程，交付成功的管理变革成果。

华为采用业务变革管理体系统一变革语言，专业化地指导变革开展，帮助企业从变革的规划到方案、到推行，再到运营管理，全流程管控，保障变革的持续推进，如图 8-2 所示。

业务变革管理体系的主要内容包括：

- 横向：七个域（Domain），体现了管理变革需要包含的各个层面。七个域分别是架构、业务流程、数据、IT、业务收益、项目管理及变革管理。

- 纵向：八个阶段（Phase），涵盖完整的生命周期，使得变革项目按照结构化的流程开展。八个阶段分别是变革规划、概念、计划、开发、验证、试点、推行及运营。

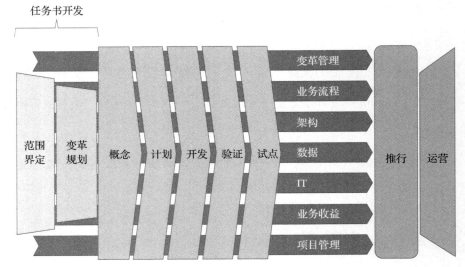

图 8－2　业务变革管理体系

- 横块化：灵活易用，为完成变革工作提供地图、样例、模板和指导。

分阶段、分模块是变革策略和节奏的重要体现。每个阶段需要有明确的目标和节点，公司高层领导必须参与项目阶段和模块目标的确定，这样才能将变革策略有效落实。

每个节点需要开展评审和宣贯等系列关键活动。一个阶段工作结束，才能开展下一阶段工作，切忌一个阶段同时开展过多活动。方案推广前需要局部试点，验证合理性，再逐步推广。

变革的需求管理是收集和分析业务中的问题及需求，去粗取精、去伪存真，将中长期需求纳入变革项目的规划中，将短期需求分发到相应的变革项目中。变革的需求应该来自企业高中基层管理者和业务骨干对企业现状的负面感受，尤其是客户对企业的强烈不满、关键负面事件的发生、一线／基层员工工作推进的困难等等。变革需求不应该过多来自机械的内部问卷调查。

BLM 模型中的业绩差距和机会差距的分析可以帮助企业营造变革的紧迫感。以华为引入 IPD 管理体系为例，华为当年某款产品的开发周期是 28 个月，而标杆企业的同类产品开发周期不到 9 个月，还存在产品遗留问题严重、研发投资浪费大等问题。IBM 通过产品开发业绩差距的揭露和分析，对当时的华为员工产生了非常大的冲击，从而引发华为人思考和改进：在产品开发中，我们总是说没有时间把事情做好，却总是有很多时间反复地返工修改，那么我们怎样才能够一次性把事情真正做好？

每一个变革项目在启动和组建项目团队之前，都需要输出项目立项任务书（Charter）。

变革规划、概念、计划、开发、验证、试点、推行及运营等阶段的主要工作分别如下：

**任务书开发**

- 回答"为什么变、变什么、变的价值"，为立项决策提供依据；
- 与各利益相关者就立项核心问题达成一致。

**概念**

- 组建项目团队；
- 变革松土；
- 确定业务需求；
- 确定范围、关联关系，预测成本／收益／进度；

- 分析高阶架构，输出高阶解决方案（流程 / 组织 /IT），并评估可行性。

**计划**

- 确定范围目标计划基线；
- 完成详细解决方案设计（流程 / 组织 /IT）；
- 确定试点推行策略。

**开发**

- 完成解决方案开发；
- 完成培训材料开发；
- 准备用户验收测试用例和用户验证。

**验证 / 试点**

- 试点松土及准备；
- 实施用户验证测试；
- 试点培训 / 上线；
- 试点 / 推行准备度评估。

**推行**

- 推行松土及准备；
- 用户培训；
- 上线及支持；
- 项目总结、验收；
- 转业务部门。

### 运营

- 监控使用情况、性能和效果；

- 启动改进型项目或退出型项目。

通过积极开放的"混凝土"团队，从业务中来，到业务中去，保障业务变革有效实现。除了资金的投入，变革更需要具有成功业务经验的管理干部和业务专家参加，以保障变革方案的高质量。让一线人员主导和参与变革方案设计，"自己做的狗粮自己吃""自己做的降落伞自己跳"，这样既可以总结和继承以往的业务成功经验，又可以避免闭门造车，为后续的变革方案的推行打下基础。

变革可能会使企业绩效暂时下滑，变革管理就是帮助企业使绩效破坏从深度和长度上减至最少，让企业尽快适应变化，早日创造更高的绩效。

对变革的推动落地进行合理策划，在不断总结和积累中，有序加速和提升质量。具体工作内容有：通过选择恰当的试点单位，不断完善变革方案，总结有效方法，让推行简单化；做好培训，做好相应能力储备，明确责任体系；广结同盟军，通过宣传营造良好氛围，通过业务骨干撰写学习心得、问题抢答和辩论等活动，让受众体验、认知并主动拥抱变革；建立稳定的支撑团队和有效的沟通渠道，快速解决问题。

变革方案的推动落地并不是终点，要通过有效运营机制巩固变革成果，逐步呈现变革价值，保障持续改进。

## 变革组织是变革成功的重要保障

华为的变革组织可以划分为三个层次，如图 8-3 所示。

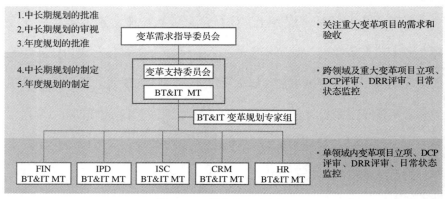

图 8-3  华为的变革组织

第一层级是变革需求指导委员会。变革需求指导委员会是公司变革最高决策机构，负责中长期变革规划的审视和批准、年度规划的批准，关注重大变革项目的需求和验收。

第二层级是变革项目管理办公室，常设有变革支持委员会、**BT&IT MT**（Business Transformation and Information Technology Management Team，业务变革和信息技术管理团队）和 BT&IT 变革规划专家组等，负责变革项目群与项目组合管理。具体工作任务有：多项目管理、项目目标以及项目预算制定、项目资源保证以及跟各相关方面的沟通、项目过程监控、专家及顾问的管理等。

第三层级是不同的变革项目组。变革项目组负责变革项目的具体管理和实施，承担项目最终的交付责任。变革项目组成员来自不同领域／部门，是真正解决企业变革最后一公里的机构。变革项目组按照结构化的变革流程开展立项、**DCP**（Decision Check Point，决策评审点）评审、**DRR**（Deliverables Readiness Review，交付物准备情况审查）评审及日常状态监控等事项。变革项目组还要确保解决在项目推进过程中产生的风险和变化带来的问题，尽量减少变革对当前公司业务发展的影响。

组织保证，也是业务变革成败的关键因素之一。

## 华为变革管理的"三项坚持"和"七个反对"原则

从 1998 年起，华为开始系统地引入世界级管理咨询公司的管理经验，在 ITS&P（IT 策略与规划）、IPD（集成产品开发）、ISC（集成供应链）、人力资源管理、质量管理、领导力开发、IFS（集成财经服务）、CRM/LTC（客户关系管理 / 线索到回款）、合作伙伴关系管理、ISD（市场到线索、服务和交付）、ITR（客户问题到解决）、从以功能为中心向以项目为中心转变等诸多方面，与 IBM、合益咨询、美世咨询、普华永道、FhG（弗劳恩霍协会）、波士顿咨询等展开深入合作，全面构建起客户需求驱动的组织流程和管理体系，经过不断改进的华为管理体系逐步与国际接轨，不仅经受住了业务持续高速增长的考验，而且赢得了海内外客户及全球合作伙伴的普遍认可，有效支撑了华为的全球化战略，引导华为进入信息与通信领域的领先行列。

同时，变革给华为带来了巨大的价值产出。例如，华为的年人均产值从 1998 年的 85 万元，到 2011 年的 200 万元，到 2019 年的 400 万元。

华为 30 多年发展的关键总结是"一边打仗，一边建设"，内部简称

"高速中换轮胎"，持续对战略目标饱和攻击，一切为了胜利，通过持续变革迭代组织能力适应战略落地需要。相反，大部分公司仅有发展、少有变革，或变革以失败告终。

华为之所以能够取得管理变革的巨大成功，有赖于正确的变革指导思想和科学的变革管理方法论。华为的变革指导思想是构建支撑战略意图落地的简单、实用、有效的管理系统。变革的目标一定要清晰，不能为了变革而变革，忘了企业的根本目标。变革的目的就是要多产粮食（销售收入、利润、优质交付、提升效率、账实相符……）以及增加土地肥力（战略贡献、客户满意、有效管理风险），不能对这两个目的直接或者间接作出贡献的流程制度都要简化。

华为辩证地理解和实践"发展、稳定、变革"三角支撑关系。

- 发展是变革的动力。客户需求是华为发展的源动力和变革的牵引力，客户需求是变化的，要以发展的眼光看待和把握客户需求，以客户需求为导向指导战略选择和管理体系变革，快速形成企业核心竞争力。

- 稳定是发展的前提。尽可能改良而不是改革，先立后破，坚持实用主义，不追求完美，把握好变革节奏，保持管理体系相对稳定。

- 变革为稳定注入新的活力。乱中求治，治中求乱，公司运作是一种耗散结构，在稳定与不稳定、平衡与不平衡间交替进行，保持公司活力。

华为在引进世界领先企业的先进管理体系的过程中，总结出并始终遵循管理变革的"三项坚持"和"七个反对"原则。

坚持"先僵化、后优化、再固化，持续简化"的原则。先僵化是站在巨人的肩膀上，学习标杆企业最佳实践，通过试点项目，充分理解最佳实践背后的本质。"我们一定要理解人家上百年积累的经验，刚刚知道一点点就发表议论，其实是干扰了向别人学习。"优化是遵循管理的客观规律，追求管理体系对业务的服务及可用性，而非另创所谓的"管理学派""管理模型"。固化是在流程运行的过程中逐步理解和学习并内化，持续将例外事项变为例行事项，夯实管理平台。简化是指不产粮食的流程是多余流程，多余流程创造出来的复杂性要逐步消除。流程要与时俱进适配市场变化和竞争环境。2016 年 10 月 26 日，任正非在质量与流程 IT 管理部员工座谈会上明确提出："流程必须持续简化，IT 应用及文档文件要有日落法"，即"每增加一段流程，要减少两段流程；每增加一个评审点，要减少两个评审点"。

坚持"小改进、大奖励，大建议、只鼓励"的原则。华为坚持"小改进、大奖励"的政策，鼓励员工立足本职岗位把工作做实，在小改进的基础上不断归纳、综合分析，研究其与公司总体目标流程的符合、与周边流程的和谐，要僵化、优化、固化，不断提升公司的核心竞争力。

坚持"改进、改良和改善，持续地推行管理变革"的原则。华为坚持改进、改良和改善，提倡循序渐进、继承与发扬以及改良，持续地提高人均效益，构建高绩效的企业文化；反对大刀阔斧、急躁冒进，因为牵一发而动全身，随意的改进会带来高成本，任何新的主管上任都不能大幅度地推翻前任的管理，在华为新任主管的变革超过一定的限度就会被弹劾。

任正非对管理变革的主要思维模式是改良。他主张改良、灰度管理，不追求完美。

在 IBM 顾问撤走以后，任正非最担心的就是在 IBM 的体系上，自己人随意地改动，所以，2008 年他提出了变革要坚持的七个反对原则：

- 坚决反对完美主义；
- 坚决反对烦琐哲学；
- 坚决反对盲目的创新；
- 坚决反对没有全局效益提升的局部优化；
- 坚决反对没有全局观的干部主导变革；
- 坚决反对没有业务实践经验的人参加变革；
- 坚决反对没有充分论证的流程进行实用。

华为认为，管理变革要坚持从实用的目的出发，符合适用目的的原则。

# DSTE 实战专业用语

| | | |
|---|---|---|
| ABP/BP | Annual Business Plan | 年度业务计划 |
| AI | Artificial Intelligence | 人工智能 |
| BEM | Business Execution Model | 业务执行力模型 |
| BG | Business Group | 业务集团 |
| BLM | Business Leadership Model | 业务领先模型 |
| BMC | Business Model Canvas | 商业模式画布 |
| BSC | Balanced Scorecard | 平衡计分卡 |
| BTMS | Business Transformation Management System | 业务变革管理体系 |
| BT&IT MT | Business Transformation and Information Technology Management Team | 业务变革和信息技术管理团队 |
| BU | Business Unit | 业务单元 |
| B2B | Business to Business | 公司对（大）公司业务 |
| B2b | Business to business | 公司对（小）公司业务 |
| B2C | Business to Customer | 公司对消费者业务 |
| CAGR | Compound Annual Growth Rate | 年均复合增长率 |
| CFO | Chief Financial Officer | 首席财务官 |

| | | |
|---|---|---|
| COPIS | Customers Output Process Input Suppliers | 客户、输出、过程、输入、供应商的全过程 |
| CRM | Customer Relationship Management | 客户关系管理 |
| CSF | Critical Success Factor | 关键成功因素 |
| CSP | Corporation Strategy Plan | 公司战略规划 |
| CTO | Chief Technology Officer | 首席技术官 |
| C-PMT | Corporation-Portfolio Management Team | 公司产品组合管理团队 |
| DCP | Decision Check Point | 决策评审点 |
| DRR | Deliverables Readiness Review | 交付物准备情况审查 |
| DSO | Days Sales Outstanding | 应收账款周转天数 |
| DSTE | Develop Strategy to Execute | 开发战略到执行 |
| EMT | Executive Management Team | 执行管理团队 |
| FAN | Financial Analysis | 财务分析 |
| IBP | Integrated Business Plan | 集成经营计划 |
| ICT | Information Communications Technology | 信息通信技术 |
| IFS | Integrated Finance Service | 集成财经服务 |
| IoT | Internet of Things | 物联网 |
| IPD | Integrated Product Development | 集成产品开发 |
| IRB | Investment Review Board | 投资评审委员会 |
| ISC | Integrated Supply Chain | 集成供应链 |
| ITO | Inventory Turn Over | 库存周转率 |
| ITR | Issue to Resolution | 客户问题到解决 |
| ITS&P | Information Technology Strategy & Plan | IT 策略和计划 |

| KPI | Key Performance Indicator | 关键绩效指标 |
| LTC | Lead to Cash | 客户购买意向到回款 |
| ODM | Original Design Manufacturer | 原始设计制造商 |
| OEM | Original Equipment Manufacturer | 原始设备制造商 |
| OKR | Objectives and Key Results | 目标与关键成果法 |
| OPEX | Operating Expense | 运营成本 |
| PBC | Personal Business Commitment | 个人绩效承诺 |
| PDT | Product Development Team | 产品开发团队 |
| PMOP | Program Management Operation Process | 项目群管理运作流程 |
| PSST | Products & Solutions Staff Team | 产品和解决方案实体组织 |
| P & S | Products & Solutions | 产品和解决方案 |
| SBU | Service Business Unit | 服务业务单元 |
| SCOR | Supply-Chain Operations Reference | 供应链运作参考 |
| SMART | Specific, Measurable, Attainable, Relevant, Time-based | 具体、可衡量、可达到、相关性、时效性 |
| SP | Strategy Plan | 战略规划 |
| SPAN | Strategic Positioning Analysis | 战略定位分析 |
| SWOT | Strengths, Weaknesses, Opportunities, Threats | 优势、劣势、机会和威胁 |
| TCO | Total Cost of Ownership | 整体拥有成本 |
| TPM | Transformation Progress Metrics | 变革进展指标 |
| TUP | Time Unit Plan | 时间单位计划 |

| | | |
|---|---|---|
| VDBD | Value Drived Business Design | 价值驱动业务设计 |
| VOC | Voice of the Customer | 客户之声 |
| VUCA | Volatility, Uncertainty, Complexity, Ambiguity | 易变性、不确定性、复杂性、模糊性 |
| WBS | Work Breakdown Structure | 工作分解结构 |
| $APPEALS | Price, Availability, Packaging, Performance, Ease of use, Assurances, Life cycle costs, Social acceptance | 价格、可获得性、包装、性能、易用性、保证、生命周期成本、社会接受程度 |

图书在版编目（CIP）数据

华为战略管理法：DSTE 实战体系 / 谢宁著. -- 北
京：中国人民大学出版社，2022.6
ISBN 978-7-300-30406-9

Ⅰ. ①华… Ⅱ. ①谢… Ⅲ. ①通信企业 - 企业管理 -
战略管理 - 经验 - 深圳 Ⅳ. ① F632.765.3

中国版本图书馆 CIP 数据核字（2022）第 038469 号

**华为战略管理法：DSTE 实战体系**

谢宁　著

Huawei Zhanlüe Guanlifa: DSTE Shizhan Tixi

| | | | | | |
|---|---|---|---|---|---|
| 出版发行 | 中国人民大学出版社 | | | | |
| 社　　址 | 北京中关村大街 31 号 | | 邮政编码 | 100080 | |
| 电　　话 | 010 - 62511242（总编室） | | 010 - 62511770（质管部） | | |
| | 010 - 82501766（邮购部） | | 010 - 62514148（门市部） | | |
| | 010 - 62511173（发行公司） | | 010 - 62515275（盗版举报） | | |
| 网　　址 | http://www.crup.com.cn | | | | |
| 经　　销 | 新华书店 | | | | |
| 印　　刷 | 北京宏伟双华印刷有限公司 | | | | |
| 规　　格 | 170 mm × 230 mm　16 开本 | | 版　　次 | 2022 年 6 月第 1 版 | |
| 印　　张 | 20.5 插页 1 | | 印　　次 | 2025 年 9 月第15次印刷 | |
| 字　　数 | 207 000 | | 定　　价 | 79.00 元 | |